U0670286

新时代智库出版的领跑者

国家智库报告　经济·2025

11

National
Think Tank

直播电商发展报告
（2021—2025）

Research Reports
on Live-streaming
Commerce
(2021—2025)

李勇坚　著

中国社会科学出版社

图书在版编目（CIP）数据

直播电商发展报告. 2021—2025 ／李勇坚著.
北京：中国社会科学出版社，2025. 8. -- （国家智库报
告）. -- ISBN 978-7-5227-5044-6

Ⅰ. F724.6

中国国家版本馆 CIP 数据核字第 2025AE4789 号

出 版 人	季为民	
责任编辑	周　佳	
责任校对	杨　林	
责任印制	李寡寡	

出　　版	中国社会科学出版社	
社　　址	北京鼓楼西大街甲 158 号	
邮　　编	100720	
网　　址	http://www.csspw.cn	
发 行 部	010-84083685	
门 市 部	010-84029450	
经　　销	新华书店及其他书店	

印刷装订	北京君升印刷有限公司
版　　次	2025 年 8 月第 1 版
印　　次	2025 年 8 月第 1 次印刷

开　　本	787×1092　1/16
印　　张	12.75
插　　页	2
字　　数	170 千字
定　　价	68.00 元

凡购买中国社会科学出版社图书，如有质量问题请与本社营销中心联系调换
电话：010-84083683
版权所有　侵权必究

摘要：直播电商是近年来发展最快的创新商业模式。从本质上看，直播电商是传统图文电商的升级，是利用即时视频、音频通信技术同步对商品或者服务进行介绍、展示、说明、推销，并与消费者进行沟通互动，以达成交易为目的的商业活动。直播电商来源于直播行业，而直播电商的很多模式是在早期电商平台的基础上发展进化而来的，如注重内容营销、重构信任机制等。2016年是直播电商发展的元年，经历了风口期、快速发展期、规范整顿期，2022年中国直播电商GMV突破1万亿元大关，开始迈向稳定发展期。主播带货模式和品牌自播模式是直播电商发展中衍生出的两种路径。

从主播带货模式的理论逻辑来看，有以下几方面内容。第一，主播带货有助于实现流量的汇聚与转化。直播具有互动性、娱乐性等流量汇聚特征，具备流量汇聚的基础。视频本身具有的丰富性和生动性等，也有助于提升消费者的购买意愿，提高流量转化率。第二，主播带货能够推动信息在不同主体间的高效传递。主播带货通过将信息传播过程针对粉丝精准化，从而实现面向受众的高效信息传递。第三，主播带货能更好地满足消费者冰山下的需求。主播能够与半目的性的消费者和无目的性的消费者形成深入互动，唤醒其潜在消费需求。第四，主播带货建立起新的信任机制。主播带货为可信任数据机制提供了新的解决思路，如合作型信任机制、专业知识型信任机制等。第五，主播带货是参与式消费过程。主播带货的核心是参与感，用户之间的相互影响和交流，使冲动消费和非计划消费更加普遍。第六，主播带货生态推动价值共创。直播电商价值共创的5S模型即场景/感知、社群化/分享、发现/洞察、服务/信任、供应链/协同。直播电商生态中各主体都是价值共创的一环，通过增强价值链协同、提供制度化信任保障、洞察消费者行为趋势、聚集拥有共同偏好的消费者、促进多元利益相关主体互动，推动了平台价值共创。

从品牌自播模式的理论逻辑来看，第一，在理论上，品牌自播能够解决传统电商发展中的一些主要问题。第二，品牌自播是商品数据化2.0版本。直播电商以互动、社交化方式实现商品数据展示，能够解决传统电商的图文方式在商品数据化过程中所面临的真实性、完整性、娱乐性、互动性、综合需求性、社交性、可信性等问题，从而促进流量成本的下降和流量转化率的提升。第三，品牌自播价值共创模式是人、物、渠道、品牌的深度融合。品牌自播可分为红人直播和品牌自播。品牌自播具有常态化特点，强调长期主义，能够与品牌消费者形成良好互动关系，提高复购率、增强用户黏性。第四，品牌自播策略应与品牌生命周期阶段匹配。直播电商这种新商业模式能够重塑品牌的生命周期，促使新生品牌生存率提升，成长品牌加速成长，成熟品牌的成熟期延长，甚至进入品牌再循环阶段。在生命周期不同阶段，品牌应该选取不同的直播电商模式，如在初创阶段可以选择 FABE 推销法。第五，品牌正确选择直播服务机构能促进品牌自播战略的落实。在选择 MCN 机构时，应从"品"（品牌传播）和"效"（业绩效果/利润收益）两方面评估 MCN 的适配性。在代运营机构的选择上，需要明确代运营的功能与预期。

中国直播电商发展呈现规模快速扩张、生态逐渐完善、头部主播效应下降等特点。第一，直播电商规模快速扩张。2017—2023 年，中国直播电商的销售额增长了超 100 倍。截至 2023 年 6 月，中国直播电商用户规模达到 5.26 亿，占网民整体规模的 48.8%。据估计，2022 年直播电商的 GMV 为 1.8 万亿元左右，2023 年为 2.8 万亿元左右。第二，直播电商生态逐渐完善。平台、MCN 机构、商家、主播、消费者、供应商、服务商和政府等角色，通过相互配合形成一个快速发展的新生态。第三，主播梯队逐渐形成，头部主播效应下降。2023 年 9 月，重点监测电商平台活跃主播人数达到 337 万人。但总体上来说，真正活跃的主播占比相对较低。如果扣除头部主播的效应，中腰部主播场均销售额在万元以下，且超级头部主播的用户群体并不稳定。

直播电商MCN机构发展面临"人""货""规范"的挑战。经历了十年的发展，MCN已经走向成熟期，形成了庞大的规模，对于直播电商业态成熟起着重要促进作用。目前，MCN面临三方面的挑战。一是来自"人"的挑战，主要包括人才管理和用户流量管理两方面。行业竞争加剧使MCN面临人才招聘难、留存难、管理难、成本高等问题，同时直播电商大盘流量的增长降速给MCN机构带来了一定的流量焦虑。二是来自"货"的挑战，打造质优、价低、供应链稳定且售后无忧的货品能力，是MCN需要攻克的难题，这就要求MCN在选品、管品、育品方面不断加强。三是来自"规范"的挑战，行业监管趋严给一些不太了解行业规范的MCN带来了挑战。除了必要的合法合规，MCN还应该做到自律，提升自身核心能力，帮助消费者把控好货品质量，做好诚信经营。

电商主播应该不断提升核心能力。在心理建设方面，不仅要培养良好的直播心态，还要做到自信、尽职、有耐心。在认知消费者方面，要善于分析消费者心理需求，并清楚目标受众群体的画像，了解客户的年龄段、性别比例及地域分布等信息。在主播人设塑造方面，主播应追求专业化、精细化、个性化，并通过持续的优质内容输出与粉丝的互动和维护，形成主播个人IP和品牌。在共情能力的培养方面，主播可以通过了解消费者的情感、情绪和情趣，达到与消费者或潜在顾客心理的同频，从而促成交易。在职业认证方面，近年来政府单位、直播平台都推出了相关职业认证，职业认证在规范主播发展的同时，也给主播带来了更好的机遇，通过职业认证的主播将有更好的从业环境。此外，主播应该严格遵守相关法律法规，保证行为的合法性。

　　直播电商进入新的发展阶段，呈现出以下发展趋势：行业用户数量持续增加，普及率接近饱和；直播电商正在成为电商零售增量的核心来源；直播短视频内容种类多样化，直播更注重内容质量；直播短视频多平台联动，通过全网分发形成私域流量蓄水；直播和短视频融合发展，短直联动化趋势明显；直播短视频主播身份多元化，头部主播存在"主播悖论"；直播短视频积极向海外拓展，海外市场成新竞争高地；直播短视频嵌入生活消费，融入"吃住行游购娱"；直播短视频电商的社区和圈层化，网络虚拟社群成为直播短视频电商发展的重要方向；品牌自播成为直播电商常态，直播场景的构建成为品牌的新基建；直播短视频发展规范化，"人""货""内容"都更加专业化；直播短视频电商普惠化，带动了就业，并为乡村振兴带来新动力；直播电商技术化程度上升，包括数字人、ChatGPT在内的数字技术被广泛应用；直播电商竞争白热化，平台之间、主播之间以及主播和平台之间的竞争都日益激烈。

　　关键词：直播电商；主播带货；品牌自播；MCN机构

Abstract：Live streaming e-commerce is the fastest-growing innovative business model in recent years. Essentially, live streaming e-commerce is an upgrade of traditional image-text e-commerce, utilizing real-time video and audio communication technology to simultaneously introduce, showcase, explain, and promote products or services, while engaging in communication and interaction with consumers, with the aim of achieving transactions. Live streaming e-commerce originates from the live streaming industry, while many of its modes are evloved from e-commerce platforms in the early years, which focus on content marketing and reconstructing trust mechanisms. The year 2016 marked the beginning of live streaming e-commerce. After periods of tuyere, rapid growth, and regulatory consolidation, in 2022, the GMV (Gross Merchandise Volume) of China's live streaming e-commerce has surpassed 100 million yuan, entering a period of stable development. The influencer-led sales model and the brand self-broadcasting model are two derivative paths in the development of live streaming e-commerce.

From the theoretical logic of the influencer-led sales model: Firstly, influencer-led sales help to aggregate and convert network traffic. Live streaming has characteristics of interactivity and entertainment, thus provides a foundation for traffic aggregation. The richness and vividness inherent in videos also increase consumers' willingness to purchase and improving traffic conversion rates. Secondly, influencer-led sales can facilitate efficient information transmission among different entities. By targeting fans with precise information dissemination, influencer-led sales can achieve efficient information delivery tailored to the audience. Thirdly, influencer-led sales better cater to consumers' latent demands. Influencers can interact deeply with both semi-intentional and non-intentional consumers, arousing their potential consumption needs. Fourthly, influencer-led sales establish new trust mechanisms. It provides new solutions for trusted data mechanisms, such as cooperative trust mechanisms and professional knowledge-based trust mechanisms. Fifthly, influencer-led sales are participatory consumption processes. The core of this model is participation, with mutual influence and communication among users making impulse and unplanned consumption more common. Sixthly, the influencer-led sales drives value co-creation. The 5S model of value co-creation in live streaming e-commerce includes scene/sense, social/share, discover/insight, service/trust, and supply-chain/synergism. Each entity in the ecosystem is a significant part of value co-creation, by enhancing value chain collaboration, providing institutionalized trust, understanding consumer behavioral trends, gathering consumers with common preferences, and promoting interaction among diverse stakeholders, platform value co-creation is achieved.

From the theoretical logic of the brand broadcasting model: Firstly, brand self-broadcasting represents a 2.0 version of product datalization. Live streaming e-commerce showcases product data in interactive and social ways, addressing issues such as authenticity, completeness, entertainment value, interactivity, co-demand, socialization, and trustworthiness faced by traditional e-commerce in the process of product datalization, thus promoting a reduction in traffic costs and an increase in traffic conversion rates. Secondly, the value co-creation model of brand broadcasting involves a deep integration of people, products, channels, and brands. Brand broadcasting can be divided into influencer broadcasting and brand self-broadcasting. Brand self-broadcasting is characterized by normalization and emphasizes long-termism, thus can establish a good interactive relationship with brand consumers, increase repurchase rates, and enhance user stickiness. Thirdly, brand broadcasting strategies should match with the brand's lifecycle stage. This new business model of live streaming e-commerce can reshape brand's lifecycle, increase the survival rate of new brands, accelerate the growth of growing brands, extend the maturity period of mature brands, and even help brands enter into the recycling stage. At different stages of lifecycle, brands should adopt different live streaming e-commerce models, such as choosing the FABE sales method in the startup stage. Fourthly, choosing the right live streaming service agency can facilitate the implementation of brand broadcasting strategies. When choosing MCN agencies, brands should evaluate MCN's suitability from the aspects of "brand" (brand communication) and "effectiveness" (performance effects/profitability). When choosing outsourcing agencies, the functions and expectations of outsourcing need to be clarified.

The development of live streaming e-commerce in China is characterized by rapid growth in scale, gradual improvement in ecology, and a decline in the effect of top-tier anchors. Firstly, the scale of live streaming e-commerce maintains rapid growth. From 2017 to 2023, the sales volume of live streaming e-commerce has increased by over 100 times. As of June 2023, the number of live streaming e-commerce users reached 526 million, accounting for 48.8% of the overall internet users. It is estimated that the GMV (Gross Merchandise Volume) of live streaming e-commerce was around 1.8 trillion yuan in 2022 and around 2.8 trillion yuan in 2023. Secondly, the ecology of live streaming e-commerce is gradually improving. Platforms, MCN agencies, merchants, anchors, consumers, suppliers, service providers, and the government, among other entities, collaborate to form a rapidly developing ecosystem. Thirdly, the anchor echelon is gradually forming, while the effect of top-tier anchors is declining. As of September 2023, the number of active anchors on key monitored e-commerce platforms reached 3. 37 million. However, the proportion of truly active anchors is relatively low. Excluding the effect of top-tier anchors, the average sales volume of each streaming of middle-tier anchors is below ten thousand yuan, and the user base of super top-tier anchors is unstable.

The development of MCN (Multi-Channel Network) agencies in live streaming e-commerce faces challenges in the aspect of "people", "products", and "regulations". After ten years of development, MCNs have stepped into maturity and formed a large-scale presence, playing a crucial role in promoting the maturity of the live streaming e-commerce. Currently, MCNs face challenges primarily in three aspects. Firstly, MCNs face challenges from "people", which can be divided into talent management and user traffic management. Intensified industry competition has led to difficulties in talent recruitment, retention and management, and gave rise to high costs for MCNs. At the same time, the slowed growth of overall traffic in the live streaming e-commerce market brought traffic anxiety for MCN agencies. Secondly, MCNs face challenges from "products". MCNs need to provide high-quality and low-price products, stable supply chains, and worry-free after-sales services. To achieve this, MCNs should continuously strengthen their capabilities in product selection, management, and cultivation. Thirdly, MCNs face challenges from "regulations". The increasingly stringent industry regulations pose challenges for some MCNs that may not fully understand industry norms. In addition to adhering to necessary legal regulations, MCNs should also practice self-discipline, enhance their core capabilities, control product quality, and conduct business with integrity.

E-commerce anchors should continuously enhance their core capabilities. In terms of psychological development, they should have a positive live streaming mindset, and cultivate confidence, diligence, and patience. In terms of understanding consumers, anchors should analyze consumers' psychological needs and have a clear understanding of the profile of target audience, including age, gender, and geographical distribution. In terms of shaping persona, anchors should strive for professionalism, refinement, and personalization. Through continuous production of high-quality content and interaction with fans, they can establish their personal IP and brand. In cultivating empathy, anchors can achieve resonance with consumers and potential customers by understanding their emotions, moods, and interests, thus facilitating transactions. In terms of professional certification, government agencies and live streaming platforms have introduced relevant professional certifications in recent years, which can regulate the development of anchors as well as provide better opportunities for them. Anchors with professional certification have a better working environment. Additionally, anchors should strictly adhere to relevant laws and regulations to ensure the legality of their actions.

Live streaming e-commerce is entering a new stage, showing the following trends: The number of users continues to increase, and the penetration rate is reaching saturation point. Live streaming e-commerce is becoming the core source of retail increment in e-commerce. The content of live streaming and video-clips is more diversified, with a greater emphasis on content quality. Multi-platform linkage of live streaming and video-clips is strengthened, and network-wide distribution helps to form private traffic reservoirs. The integration of live streaming and video-clips is a clear trend. The identity of anchors is more diverse, and top-tier anchors facing the "anchor paradox". The expansion into overseas market is obvious, and overseas market has become a new competitive frontier. The live streaming and video clips has integrated with daily life, including traveling, tasting, residing, purchasing and entertaining. The trend of communitization and segmentation prompted virtual online communities to become an important direction for live streaming e-commerce. Brand live streaming becomes the norm, with the construction of live streaming scenes becoming a new infrastructure for brands. The standardization trend has led to professionalism in "people", "products", and "content". The inclusiveness of live streaming and video-clips drives employment and brings new impetus to rural revitalization. The level of technological advancement in live streaming e-commerce is increasing, with digital technologies such as digital humans and ChatGPT being widely applied. The competition in live streaming e-commerce is more fierce, with the competition between platforms and anchors being intensified.

Key Words: live streaming e-commerce; influencer-led sales; brand broadcasting; MCN agencies

目　　录

一　直播电商概述

直播电商是近年来发展最快的创新商业模式，本部分将对直播电商的概念以及发展历史进行深入分析。

（一）　直播电商的概念

直播电商是利用即时视频、音频通信技术同步对商品或者服务进行介绍、展示、说明、推销，并与消费者进行沟通互动，以达成交易为目的的商业活动。直播电商是传统图文电商的升级。相较传统图文电商，直播电商模式更能使消费者直观、立体地了解产品，即时、直接地互动。

1. 直播电商来源于直播行业

直播并不是一个新的行业。在电视诞生之后的几十年间，电视新闻一直是以直播方式为主导的。直到20世纪50年代，电视新闻才以分时编辑的方式播出。

互联网出现之后，直播也出现在网络上。在互联网引入国内时，一些BBS论坛就以图文方式直播体育赛事。随着网速的提升，PC端的一些秀场直播开始兴起。这种直播方式，只是对电视直播的一种补充，网络直播并没有大规模流行起来。

2012年开始，游戏直播开始盛行。由于游戏的广泛流行性，而且游戏直播在电视上基本没有替代品，因此，游戏直播推动了网络直播的普及，使大量游戏粉丝转化为直播粉丝。游戏直播具备了直播电商的很多要素，包括主播的专业性、互动性、社交性等，这在直播电商中都有直接的体现。

2015 年随着 4G 开始进入商用并大规模普及，抢占移动端的各种泛娱乐直播开始兴起，从而产生了"千播大战"。直播产业的兴起，推动了直播观众数量的快速上涨，从而为直播电商发展提供了粉丝基础。

2016 年 3 月，本身有网红资源早期积累的蘑菇街率先上线视频直播功能，并开始扶持旗下网红直播艺人的孵化和经纪业务。淘宝于 2015 年 11 月推出电商直播，并在 2016 年 5 月更名为"淘宝直播"，京东也在同年 9 月推出直播，正式开启了直播大潮。因此 2016 年也被视为直播电商发展的元年。直播电商可以满足消费者（粉丝）购物、社交、娱乐、价值观认同等多层次需求，从而获得了高速成长。

自 2018 年开始，原来专注于短视频和直播的抖音、快手等泛娱乐流媒体平台，也开始以直播带货的模式大规模切入直播电商领域。从这个时点开始，很多现象级主播开始出现，如李佳琦等，使直播电商受到了社会公众更广泛的关注（见图 1-1）。商务部大数据监测显示，2020 年上半年，全国电商直播超 1000 万场。

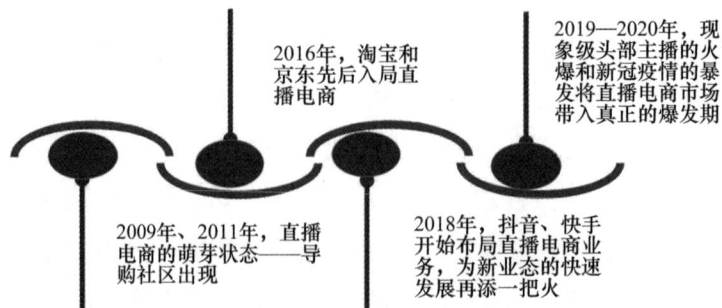

图 1-1 直播电商发展时间节点

2. 直播内容的丰富发展

直播内容开始丰富化，大体上可以分为以下三类。

第一类是内容直播或知识型直播。这一类的直播强调知识性，类似网络课堂。游戏直播、泛生活类直播在本质上也属于内容直播。

第二类是社交直播，包括秀场直播等。这一类直播以泛娱乐为主，强调社交属性。

第三类是商业直播，以产品营销或企业推广为主要目标的直播类型。这类直播强调商业推广。

从历史沿革来看，直播电商的很多特点，例如，注重内容营销、重构信任机制等，在早年的一些电商平台中已有雏形。直播电商正是在这些模式雏形的基础上，进一步扩展而形成的。2009 年，美丽说作为内容驱动的社区型导流平台开始上线。到2011 年，基于这一商业模式的蘑菇街也开始上线运营。在这些导流平台中，很重要的一个方面是提供关于商品的评论信息，并分享到社区中，还可以将这些信息进一步转发到微博、QQ、豆瓣等流量型平台，从而扩大内容电商的影响（见图 1-2）。

图 1-2 直播内容发展历程

资料来源：根据公开资料整理。

3. 直播电商模式的进化

早期以内容为驱动的导流平台发展模式，为直播电商的发展进化奠定了基础，这些进化模式有以下几类。

第一类，种草模式。这是由专业用户（Professional User

Generated Content，PUGC）创作关于商品的专业内容。这些内容相对中立，而且从专业视角对商品的使用体验、商品的特征、商品的品质等进行剖析，从而受到了普通用户的欢迎，这就是今天所说的种草模式。这些模式强调直播内容的质量，通过内容分享带动消费。

第二类，分佣模式。即导购分佣激励的商业模式，这形成了网红带货的基本模式，主要通过电商模式推动网红流量变现。

第三类，网红模式。随着越来越多的时尚博主、专业网红用户开始进驻导购社区，并成为关键意见消费者（Key Opinion Consumer，KOC），给消费者带来专业指导的同时，从商家处分佣，从而走通了网红经济的模式。网红模式主要是利用网红的专业能力，解决消费者的痛点和难点问题，解决商家信息传递过程中的信任机制问题。

第四类，内容电商模式。即消费者开始通过导购社区参与到消费过程，甚至参与整个商业运作，从而将消费者主权真正落到实处。这种模式在现有的电商平台中仍然较少。可以预期，随着消费者在直播过程中的参与度越来越深，内容电商模式也将逐步占据主导地位。

内容电商社区的这些特征，包括通过专业内容给消费者种草、网红和商家直接分佣、KOC通过带货实现网红经济变现、消费者全程参与等，与当前火热的直播电商有着非常大的契合之处。

直播电商兴起后，很多人惊呼对直播电商看不懂。按照马云的说法，任何一次商机的到来，都必将经历四个阶段："看不见""看不起""看不懂""来不及"；任何一次财富的缔造必将经历一个过程："先知先觉经营者；后知后觉跟随者；不知不觉消费者！"现在直播电商对很多经营者而言，正处于看不懂、来不及的时间窗口。

从整体上看，直播电商是直播发展的一种新现象（见图1-2）。

直播电商是从娱乐直播、秀场直播、游戏直播、泛生活直播等发展过来的。但是，直播电商并不是一种娱乐模式，而是一门科学，是将广告、营销、消费者心理、信息科学、互联网流量等多种科学知识综合在一起的科学，也是如何将内容与营销、品牌、消费者权益等无缝融合在一起的科学。这决定了直播电商并不能完全走秀场直播的模式，在表现形式、获客、流量应用等多个方面，都与秀场直播有着本质区别。从产业链来看，直播电商的产业链包括平台、用户、主播、MCN 机构、供应链、品牌方、内容电商整合营销机构和服务支持共八个环节，这远比泛娱乐直播要复杂。

如今，直播间购物已成为人们重要的购物方式之一，也是近年来增长最快的电商创新模式。截至 2023 年 6 月，中国网络购物用户规模达 8.84 亿。直播电商用户渗透率持续提升，规模达到 5.26 亿，较 2021 年 6 月增长 1.42 亿，占网民整体规模的 48.8%。据商务部大数据监测，2022 年重点监测电商平台累计直播超 1.2 亿场，累计观看超 1.1 万亿人次，直播商品超 9500 万个，活跃主播近 110 万人。2023 年前三季度，[①] 170 家国家电子商务示范基地中有 151 家建立了直播基地，全国直播电商销售额达 1.98 万亿元，增长 60.6%，占网络零售额的 18.3%，直播电商拉动网络零售增速 7.7 个百分点。在促进创业就业方面，活跃电商主播 337.4 万人，增长 164.3%。从整体上看，直播电商已发展成为电商增量的最重要来源。

（二）直播电商发展简史

直播电商在 2016 年正式登上舞台，2018 年中国直播电商

---

① 《9199.7 亿元、1.45 亿户、82.5 万辆……多维度数据展示中国经济强劲脉动》，2023 年 10 月 21 日，光明网，https://baijiahao.baidu.com/s?id=1780320468440295449&wfr=spider&for=pc。

GMV 破 1000 亿元，到 2022 年已经突破 1 万亿元大关，2023 年突破 2.8 万亿元。直播电商在短短数年间，经历了风口期、快速发展期、规范整顿期，如今正处于稳定发展期（见图 1-3）。

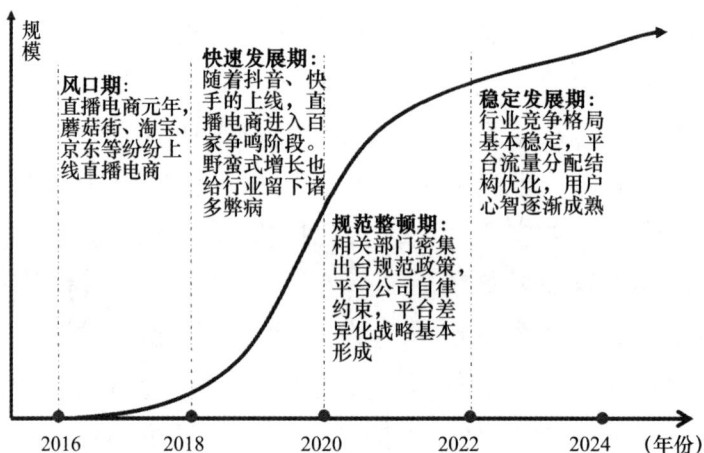

图 1-3　直播电商发展阶段

资料来源：根据公开资料整理。

风口期（2016—2017 年）：蘑菇街、淘宝、京东等纷纷上线直播电商，通过直播购物方式开始走进消费者视野。在平台的推动下，李佳琦等主播惊人的带货量，让资本、商家、达人等看到了机会，直播电商的潜力被逐步挖掘。此阶段淘宝依托其庞大的消费者群体以及供应链，获得发展优势。

快速发展期（2018—2020 年）：2018 年，抖音、快手加入直播电商，以庞大的用户群体，推动了直播电商的快速发展。随后拼多多、微信、小红书等纷纷开启直播电商，直播电商进入百家争鸣阶段。随着李佳琦等带货主播的出圈，直播电商逐渐被广大消费者熟知。此阶段直播电商仍以达人带货为主，消费者因低价、福利、被种草等因素而被吸引进入直播间。疫情暴发，消费者宅生活的需要、商家线下受阻寻找线上机会的需要等多方因素，共同推动了直播电商的火热发展。

　　规范整顿期（2020—2022 年）：疫情期间，商家急忙寻找线上机会，机会主义者开始直播带货，直播电商乱象增多。

　　2020 年开始，相关管理机构开始针对直播电商的乱象陆续出台规范文件，如 2020 年 6 月，中国广告协会发布《网络直播营销行为规范》，规定了商家、主播、平台以及其他参与者等各方在电商直播活动中的权利、义务与责任，要求营销主体不得利用刷单、炒信等流量造假方式篡改交易数据和用户的评价信息，并提出网络直播营销主体应当完善对未成年人的保护机制，注重对未成年人身心健康的保护，等等。

　　平台公司开始自我清查，包括提高准入门槛、加强行为规范、改变流量分配机制等。在此期间，平台公司逐步完成对自身战略的思考，改变了头部主播垄断流量的局面，并努力打造大、中、小主播与商家、MCN、消费者等成员健康共生的生态。各大平台在客户价值方面，逐渐形成差异化战略，如抖音明确"兴趣电商"定位、快手明确"信任电商"定位。

　　稳定发展期（2022 年至今）：随着行业逐渐规范化，直播电商生态逐渐稳定，抖音、快手、淘宝的竞争格局也逐渐明朗。在平台流量结构优化下，商家直播开始发力，中小主播凭借创新也获得一席之地。在消费侧，经历了疫情以及购物经验的沉淀，消费者心智逐渐成熟，消费逐渐理性化，也一定程度上倒逼生态自律。在后疫情时代，经济秩序逐步恢复，直播电商迎来稳定发展期。

二 直播电商的理论逻辑：
主播带货

直播电商在发展过程中，事实上衍生出了两种不同的发展路径：主播带货模式和品牌自播模式。在主播带货的模式里，主播是传统营销员的线上翻版。但是，线上营销的特殊性，使这种模式与线下营销有着很大的区别，其理论逻辑也不相同。

（一）主播带货是创新流量转化
与应用的商业模式

不论电商采用什么样的模式，很重要的一个问题是流量问题。有流量才有消费的可能性，这是基本的商业逻辑。智能手机及宽带网络的普及，碎片化、轻量化的应用成为一种刚需，从而使流媒体开始爆发，尤其是短视频和直播等，更成为近几年流量增长最快的应用。直播电商将电子商务与具有互动性、娱乐性等流量汇聚特征的直播联结起来，具备了流量汇聚的基础。

1. 主播带货更好地汇聚流量
主播带货自带的社交属性，主播与粉丝之间较为稳固的关系，加上直播过程中可以加入大量生动有趣的玩法，主播本身的人设以及内容的丰富性、生动性与互动性，将为电商带来新的流量。主播带货发展过程中，可以利用其他直播平台，将娱乐、互动等与电商全面融合，进一步拓展电商的流量来源。

从直播电商发展历程来看，刚开始是店家自播。这类直播就是将商品的信息更丰富化、直观化，相当于一个更生动和更为互动的商品详情页，这就是我们在后文中讲的"商品数据化2.0"。在店家自播的过程中，很多主播开始快速成长并向网红、达人蜕变。店播的网红化，加上平台的扶持，使早期成功的顶级主播开始汇聚了大量流量，其直播的产品种类也远超店铺的范围。这一部分人开始将电商平台上的无效流量（即点开电商平台的网页或打开电商平台的App但没有进行下单购买的用户）转化为有效流量，汇聚了更多的流量到平台。另外，短视频平台的兴起，沉淀了大量流量，但缺乏高效的变现通道，形成了很多具有流量优势的头部主播。这部分头部主播能够充分发挥粉丝的规模优势，从而打造主播带货的价格优势。这将进一步推动流量转化为电商，从而形成正反馈循环。

2. 主播带货提高流量转化率

主播带货能够在某种程度上解决图文电商的流量转化率问题。在现有的电商运营模式下，"流量—转化—沉淀"三者呈现单向的漏斗逻辑，夸张的流量漏斗模型认为，流量转化率可能只有万分之一（见图2-1）。通过实证分析，电商的真实流量转化率也就是1%—5%，这说明在实际的电商运营过程中，商家花费高昂的流量成本之后，并不能立即带来销量的增加。主播带货这种创新商业模式，将有利于提高流量的转化率，从而提高电商效益。

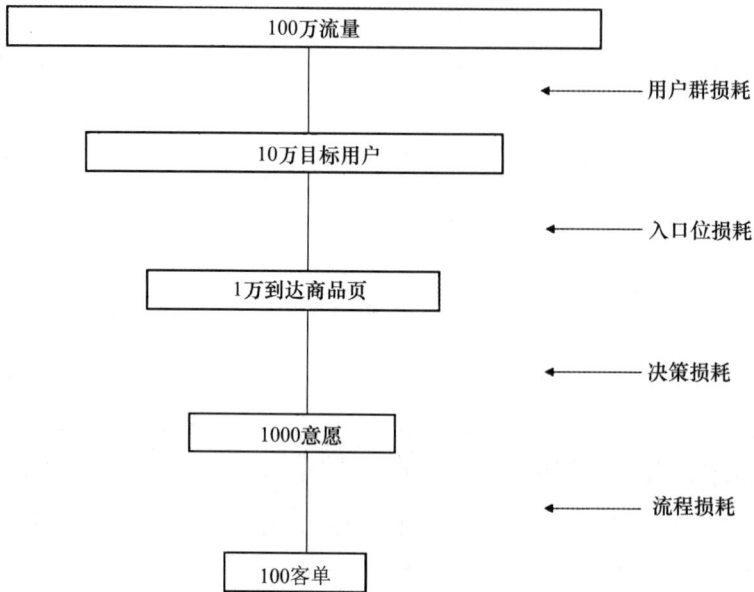

图 2-1　流量漏斗模型

资料来源：根据网络公开资料整理。

主播带货提升转化率的方式有以下几种。

第一，视频本身具有丰富性和生动性，能提高转化率。例如，美国视频电商 Joyus 做过一个分析：通过优质视频来提高商品的转化率，会比传统图文展示的方式高 5.15 倍；其视频观看者购买商品的次数为非产品视频观看者的 4.9 倍。主播带货这种模式，在立体地、丰富地展示商品的同时，还能够与粉丝进行实时互动，从而推动粉丝在观看直播时下单。

第二，主播带货的社交属性，能提升消费者购买意愿。直播间本身具有强互动性和社交属性，并能产生群体效应，从而提升消费者的购买意愿。主播带货的购物路径完全不同于常规电商购买路径（见图 2-2）。羊群效应理论（The Effect of Sheep Flock）表明，领头羊的行为对羊群行为具有非常强的带动作用。在直播间里，当有一部分粉丝开始下单时，往往会带动其他粉丝的跟随行为。这产生了大量的非意向性购买，也提高了电商的转化率。

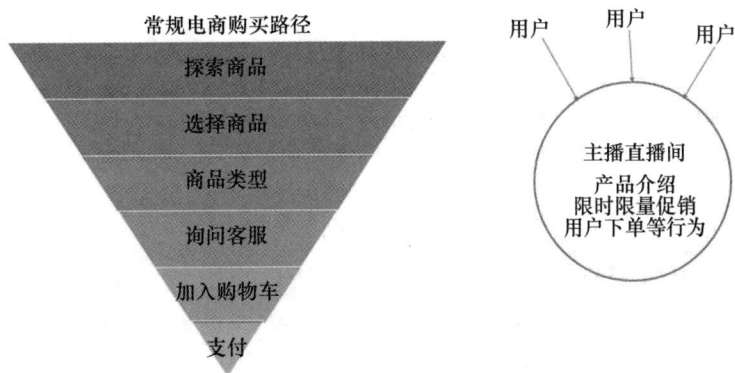

图 2-2 主播带货与常规电商购买路径的比较

资料来源：根据网络公开资料整理。

第三，有效挖掘用户的潜在需求。在直播间的观众里有相当一部分是无目的性的用户，这些用户对商品可能有潜在的需求。这些用户看到商品直播之前，可能并没有明确的购买意愿，但看到直播之后，就产生了购买的冲动，并完成了购买行为。如何引导这些用户完成购买行为，是主播带货未来需要突破的一个重点。

有调查发现，在一些知名主播的直播间里，有30%的购买属于事先无目的购买类型，这说明了直播对流量转化的巨大潜力。这些无目的购买可视为一次体验过程。体验消费与过去目的性极强的消费行为不同，消费者不再是简单地"为买东西而买东西"。体验变成了一种个人休闲行为，无目的、带有偶然性等是它的显著特征。换句话说，消费者只要随心所欲地去逛，感觉良好就是一次"消费"，而主播带货正好能带给消费者这一系列的消费体验。

据笔者调研，在一些直播间，服装品类流量转化率普遍在10%左右，这远远高于图文电商情况下的5%甚至更低的转化率。

（二）　主播带货推动信息在不同
主体之间高效传递

1. 主播带货是一种新型的信息传递模式

从本质上看，营销是一个信息传递的过程。高效地向消费者传递合需求、有价值、可信任的信息，是营销过程必须完成的基本任务。主播带货是一种新型的信息传递模式，这个过程中，虽然主播团队所承担的责任和任务相当于原有营销模式下的营销员角色，但是，主播团队与粉丝之间并不单纯是推销关系，而有着更为复杂的互动关系，这种关系使营销信息的传递更为有效。

值得注意的是，在这里我们使用了"信息传递"一词而非"信息传播"。为什么要强调"传递"而非"传播"，因为传递是信息输出方有目的地向信息接收方发送信息，而传播是一个信息输出方无目的地广泛散布信息的过程。主播带货与其他营销方式最大的一个区别是将信息传播过程针对粉丝精准化，从而实现面向受众的高效信息传递，对粉丝而言，对主播所传递的信息有所期待，所接收的信息精准度非常高，从而极大地提高了信息传递效率。

主播带货在很大程度上消除了用户对产品看不见、摸不着、感受不到的苦恼，主播会把商品的详情、优缺点、使用效果都用视频的方式展现出来，用户能够更为直观地、全面地了解产品的属性和用途，实现所见即所得，避免"照骗"，降低试错成本。直播的实时性、互动性、双向性，让用户感受到"上帝般"的存在感，产品瞬间秒光的"抢到即是赚到"的成就感，增加了购物的乐趣感。正是这些因素，使消费者能够利用更丰富的信息，提高购买决策的效率。

2. 主播带货为商家信息传递与消费者信息筛选困境提供了破解途径

传统电商模式面临着信息传递与信息筛选的困境。

对商家而言，面临着信息传递的困境，也就是信息无法有效传递到消费者。因为大部分电子商务买家的购买基本以搜索为起点，而这一机制容易形成信息沉没。例如，在天猫上搜索"T恤"两个字，看起来搜索结果展示足有数千页，但事实上绝大多数人只会看完第一页的商品，有耐心浏览完前三页的少之又少，导致海量商品信息被湮没。也就是说，电商如果做不到前几名，那么商品被售出的概率就非常小。从这点来看，对大多数商品而言，电子商务的展示频次甚至不及线下的商场和批发市场。想象一下：一个有50个女装店铺的线下百货商场，每个店铺会有超过100的SKU（货物最小库存单位），在消费者逛街的时候，这5000款商品是会完全展示在其面前的。

对消费者而言，也面临着信息筛选的困境。电子商务的发展，使消费者能够通过更多的渠道了解商品的信息。然而这种过多的信息渠道会使真正合需求、有价值、可信任的信息湮没其中，消费者的选择成本越来越高。网上看似丰富的商品，使消费者的选择困难问题越来越严重。

主播带货是破解商家信息传递与消费者信息筛选两难困境的一个可能途径。

从信息传递与信息筛选来看，体验式消费肯定是一个很好的方法。德国学者霍尔茨在《预言大未来：21世纪世界八大领域发展趋势预测》中写道，在未来，经济发展将缔造一批新型消费者，他们将从勇敢的最终消费者成为体验先锋，他们将使用情感购物、感官购物、社会购物等，替代"个人消费"。适应这一需要，消费过程将变得更加深入、感情化与私人化。当这些体验先锋将其消费过程、经验、感悟等通过视频直播的方式进行分享时，这个信息传递过程将是高效的。

对主播带货从业者而言，将直播过程理解为一次信息筛选与传递过程非常重要，主播的一个重要工作是帮助消费者筛选信息，获得关于商品更直观、全面且真实的数据，并以有效的方式直接传递给消费者，帮助用户更好地了解商品，最终实现提高转化率的目标。

（三）主播带货能够更好地满足 消费者冰山下的需求

1. 需求的"冰山理论"

电子商务开启了真正的消费者主权时代，消费者日益从注重产品功能转向注重情感、文化、时尚、潮流，转向注重产品带来的体验、价值，并从大众化商品转向追求多样化、定制化、个性化商品。

可另一个问题是，消费者多样化的需求可能是一种无法完全用语言表达出来的，这种需求可能需要在一个特定的环境下才会全面表现出来。或者说，消费者的需求只有在看到他所希望的商品时，才会被激发出来。正如《需求》一书中所言，真正的客户需求潜藏在人性以及一系列其他因素的相互关联之中。

弗洛伊德将人的精神世界分成了三个部分：意识、前意识和潜意识。三者相辅相成、缺一不可。

意识在人的精神活动中仅占据很小的一部分，和潜意识相比更加显得浅显和表面，而人精神活动的主体恰恰是深藏在意识背后的潜意识。弗洛伊德提出心灵最本质的部分不是意识，而是潜意识。如果用"大海里的冰山"做象征来理解，那么意识就好像显现在海面上的冰山一角。而那深不可测、无法估算的隐藏在海面下的部分就是潜意识，这个就是需求的"冰山理论"。潜意识是隐藏在意识背后，无法直接显现却对人的意识与行为有着根本推动作用的重大动力，包括人的感受、期待、渴望与观点等多个方面的内容。

2. 主播带货是挖掘冰山下的需求的一种新商业模式

主播带货很重要的一个功能就是将人类在冰山下的需求挖掘出来，并予以满足。如果从单纯的商品购买视角来看，直播间的粉丝可分为三类。

第一类，有目的性的消费者。他们在直播之前就了解直播间将要销售的商品，并等待直播间的价格优惠。根据我们对消费者的调研，这类消费者并不占主导地位。

第二类，半目的性的消费者。这类消费者有一些模糊的购买目标，但并未完全确定是哪一种商品。例如，某个消费者可能想在直播间买一件衣服，但到底是购买 T 恤还是衬衣，是纯棉还是混纺，可能并没有清晰的概念。当看到主播介绍 T 恤的各种优点时，就可能会下单购买一件 T 恤。

第三类，无目的性的消费者。他们可能只是想到直播间看看，当某种商品的卖点符合其隐性需求时，其可能会下单购买。例如，当主播介绍一种可以去除农药残留的果蔬清洗剂时，很多消费者会下单购买，尽管消费者在进直播间之前并没有想到要购买此类产品。

从直播间的商品销售来看，如何通过与粉丝的深入互动，使消费者沉睡的需求得以唤醒，是主播带货的一个重要方面。

（四） 主播带货建立了新的信任机制

1. 电子商务的信任机制问题

工业时代的经济，其本质特征是大规模生产"陌生人经济"。在"陌生人经济"的大背景下，实体商店、标准化产品等具有非常重要的意义。实体商店存在的意义是"跑了和尚跑不了庙"，为商品的质量、安全等做了信任背书。而标准化使消费者能够信任不同商家生产的商品，并降低了交易成本。因此，原有的实体商业已建立了一套较为成熟的信任机制。

电子商务的发展将商品数据化，解决了商品信息的跨时空传输以及随时随地查阅、分享等问题。但从本质上看，电商并没有建立起相应的信任机制。为解决电子商务信任机制问题，现在有以下几种方案。

第一种，政府政策法规进行强制性的规定。例如，法律规定在网上购物可以7天无理由退货。但以法律来保证信息的真实可靠仍面临很多问题，执行成本很高（对消费者以及卖家均有较高的成本，包括快递费用、消费者的时间成本等）。

第二种，平台规则保证。即电商平台通过一系列规则来确保商家发布的信息是可信的。例如，淘宝在发展初期通过支付宝进行担保的方式来制约商家，避免其发布不实信息。这种模式存在责任机制不清等问题。从运作模式看，当前的淘宝、天猫、京东等电商平台是以企业声誉为产品的质量做信任背书，而这些巨大的商业平台已成为虚拟世界的商业地产。除了没有实体店面（其实也有实体的仓储），其运作模式已与实体商店没有本质区别。

第三种，平台以其自身的品牌优势建立信任机制。这种模式主要是平台建立信任机制，通过严格的制度确保商品信息与商品实物一致。例如，京东自营商品平台就是一种利用平台品牌来构建信任机制的模式。这种模式也存在成本高、消费者选择空间较小等问题。仍以京东为例，京东自营商品的种类明显少于淘宝等第三方平台上的商品种类。因此，这种模式并没有将电子商务平台的优势完全发挥出来。事实上，在工业化时代，产品质量标准、品牌、商标等，都是为了建立信任机制而存在的，我们看到，为了这些信任机制，企业和社会、消费者都付出了巨大的成本。

互联网并没有提供解决信任问题的机制。互联网上的数据信息过于泛滥，使真实数据、真实信息的价值开始显现出来。凯文·凯利指出，在互联网上，信息已经不值钱，最值钱的就是信任。

2. 主播带货提供了新的信任机制

信任必须通过时间积攒得到，因此信任是一种无形资产，它在复制品泛滥的世界中具有的价值越来越高。主播带货提供了可信任数据机制的新解决思路。

第一种是合作型信任机制。

这种合作体现在两个方面。一是主播与商品或服务生产者之间的合作关系。主播在直播间销售商品或服务之前，必须对商品或服务有充分的了解，与商家之间必须有一个基本的合作机制。二是主播与粉丝或消费者之间的合作关系。主播带货的特定模式使主播与粉丝或消费者之间不是单纯的卖家与买家关系，而是一种合作共享关系，这建立了一种新型的信任关系。正是这种关系，使主播带货不同于传统的电商模式。主播与生产者、消费者之间的这种双重合作关系，有利于建立一种新的信任机制，从而解决电商远程消费所特有的信任问题。

第二种是专业知识型信任机制。

主播如果具有关于商品以及与商品有关的专业知识，这种知识不但能够吸引消费者在直播间长时间驻留，而且能够以更可信赖的方式对商品进行解说，而不是单纯地说商品"好好好"，从而推动购买。

在主播带货过程中，主播就像线下购物的导购，通过对商品功能、使用体验等的专业讲解，给消费者购物决策提供判断依据。本质上是把搜寻、比较、测试等工作交给消费者信赖的专业人士负责，用消费者和主播之间一对一的信任关系，补充、强化消费者和品牌之间一对多的信任关系。

对于主播而言，消费者最重要的资本就是信用资本。信用不是生产要素的一种投入，而是整个生产要素的一个转换要素，通过这种要素来整合经济资源，从而推动营销通路的缩短，降低营销成本，这是主播带货与泛娱乐直播最大的区别之一。

第三种是偶像型信任机制。

这是一种新型的信任机制。在近两年的电商发展过程中，出现了一种新的现象，就是很多电商主播因丰富的知识或者人格魅力，获得了大量粉丝，这些粉丝对主播个人有着真诚的信任感，就像其信任崇拜的偶像一样。例如，东方甄选的董宇辉，就是利用其人设、知识以及综合特征，获得了大量忠诚的粉丝。人们对其有着天然的信任感。

第四种是制度保障型信任。

事先信任关系的构建与商品信息的充分交换，也有利于减少事后的交易费用（如发生纠纷等的处理成本或者维权成本）。《国务院办公厅关于进一步释放消费潜力促进消费持续恢复的意见》也提出，要进一步优化消费争议多元化解机制，不断提升在线消费纠纷解决机制效能。直播电商在消费争议化解和消费者权益保护方面有其优势。在传统电商模式下，消费者购物会得到平台和销售者双重保护，一般情况下，平台主要是承担裁决者的角色，很少直接赔付给消费者。而在直播电商领域，消费者购物会受到平台、主播团队和销售者的三重保护。在出现损害消费者权益情形时，很多主播都会主动承担先行赔付的责任，这极大地降低了消费者的维权成本。

（五）主播带货是参与式消费过程

主播在主播带货中发挥着重要的作用。然而，主播与粉丝之间的关系既强大又脆弱。在主播与粉丝的关系维护中，粉丝参与是极其重要的。可以说，主播带货的核心就是参与感。

在直播营销的整个过程中，粉丝发挥着重要作用，他们既是商品或服务质量的评判者，又在消费过程中扮演着参与者的角色，他们将消费过程视为一种自我实现的过程。因此，在直播以及后期粉丝维护过程中，都要重视消费者的参与。任何一个主播都不能忽略消费者的力量，让消费者参与而不是被动接受一个高大上的广告或者一段看上去有趣的视频。

主播带货也会使消费者在品牌或产品忠诚度方面出现两极分化。一些品牌忠诚度非常高的消费者，非常关注直播商品的品牌，他们会与其他平台或渠道进行比价。所以对这些消费者，主播要做的事情就是获得品牌产品的正规来源，并能够代表消费者与厂商谈判得到一个满意的价格。另外一些消费者则更相信产品的性价比、新奇功能等，他们只是消费者而不是品牌的忠诚者。如果主播能够找到更好的商品，他们可能成为主播的"铁粉"。

主播带货的参与使所有观看直播的用户变成一个群体，一个可以相互交流的群体，不再是一个个没有产生链接的流量载体，彼此不知道彼此的行为。这种相互交流和相互影响，使冲动消费、非计划消费更加普遍。

对主播带货而言，要求主播团队进一步思考其所做出的直播设计与营销模式。在任何运营过程中都要增加与消费者的互动环节，都要适应这种娱乐化的趋势，强调参与感和场景感。任何细节设计都要考虑到"泛娱乐化"的因素，使产品更能直击人性。进而能够在直播过程中通过生动形象的方式，更进一步地将产品中的娱乐性表达出来。

在主播带货战略执行方面，需要明确电商直播过程中的重点问题，娱乐化是中心，碎片化、简约化、幽默化是基本点。产品的超级功能、性价比等特点，都要尽可能地通过娱乐化的方式体现出来。在直播过程中需要重视消费者的反馈，从而充分利用消费者的碎片化时间，达到与消费者进行充分沟通的目标。

（六）直播电商价值内涵：直播
电商价值共创 5S 模型

从本质上看，零售的核心价值观就是要将正确的商品在正确的时间以合适的价格交付到消费者手中。直播电商并没有改变这个核心价值观，而是强调利用直播等动态丰富的模式，使零售业的价值创造过程效率更高，生态系统的健康度更高，消费者的体验更好，各相关主体的收益更可持续，实现多元主体价值共创。在直播电商价值共创过程，可以用"5S"来概括。

图 2-3　直播电商 5S 模型

1. 场景/感知（Scene/Sense）

直播电商营造了一种消费新场景，激发消费者的购买心智，为消费者做出购买决策提供了更多的支持。重点是通过立体、丰富、生动的影像，对商品进行更加形象的数据化呈现，形成由直播技术、场景氛围、主播感染力共同营造的沉浸式购物体验场景。例如，主播可以根据粉丝要求进行多种搭配，直接查看效果，这样比单纯使用文字或者图片对商品进行描述更为生动丰富。

在直播间，主播团队对商品的展示，以及对商品的试用体验陈述，能够增加消费者的临场感，从而使消费者增加决策依据。例如，消费者在购买各种美妆产品时，对其安全性、效果等也缺乏直观的了解，而主播团队一般会亲自试用，并将试用体验报告给消费者，从而为消费者提供甚至比线下购物更丰富的数据资料，更有利于消费者做出购买决策。

直播电商还通过类似线下购物的场景营造，构建消费者的紧迫感。线下购物由于消费者需要亲自体验，购买的时间成本较高，因而有天然的紧迫感。在图文电子商务时代，这种紧迫感几乎不存在，消费者可以利用各种碎片化时间进行商品比较和浏览。

首先，直播电商通过主播人设，构建了一个可信的大场景，在这个大场景下，通过独特产品、超高品质、限时低价、超级功能、粉丝福利、产品使用场景等多种细分场景感的设置，通过秒杀、限量、限时优惠等多种方式，构建消费者的紧迫感，使消费者快速做出决策，推动购买转化率的提升。

其次，直播电商引进"人"的要素，打造更有温度的场景。在直播间，通过引入立体化、内容化、娱乐化、互动化、社交化的场景要素，加上主播人设、粉丝互动、明星加持等多种要素，从而打造出一个更有温度、更人性化的购物场景，使消费过程更为有趣。

最后，直播电商推动消费者、主播、服务商相互感知，共同发现商品价值。通过直播场景的搭建，消费者感知主播、感知商品，从而对商品有着更为直观、立体、丰富的了解。在直播间里，原来一个个静态的商品变得活灵活现，直播赋予了每个产品一定的生命力。消费者面对的不再是一个个单调的文字说明和图片展示，而是主播生动详细的讲解以及产品的试用体验，这些能够使消费者更好地感知商品。例如，调查发现，女装的退货，绝大部分是由款式、色差、偏好等非质量因素引起的，真正做工质量引发的退货不到1%。而产生此类退货现象的深层原因在于，消费者对产品数据的需求是多样的，而图文电商展示的信息有限，并不一定合乎消费者的需求。在直播电商的场景下，消费者能够了解到更丰富的数据，从而在决策过程有着更为全面的数据支持。

另外，主播与粉丝之间通过建立更为动态丰富的联系，从而使主播团队能够更好地感知消费者的需求，以更好的性价比、更符合消费者偏好的商品或服务满足消费者的现实需求；通过粉丝关系以及互动，感知消费者的潜在需求；利用大数据、人工智能等，感知消费者的隐藏需求。

美国的希尔在《购买的真相》一书中写道：如果说人类的思维活动是一座巨大的冰山，那么其中有意识的活动就仅仅是这座冰山浮出海面的小小冰尖。有一条来自认知科学家的研究经验：在所有大脑的思维活动中，潜意识活动多达95%。而且这很可能已是极其保守的估计。

在这个意义上，人类的需求类似于一座冰山，能够直接感受并表达出来的，只有冰山水面上的一点点。直播电商很重要的一个功能就是将人的冰山下的需求挖掘出来，并予以满足。很多消费者可能只是想到直播间逛逛。当某种商品的卖点符合其隐性需求时，他可能会下单购买。在这个意义上，直播电商能够全面激发消费者的潜在需求。由于搜寻成本的降低，差异化产品成为日用品，消费者的潜在需求能够得到更好的满足。

从更深层说，人类的大部分需求是随着社会经济进步而演化出来的。因此，人类对于自己需求的了解，往往需要外部环境的刺激。但是，在传统零售时代，这种隐藏的需求完全靠开发者和生产者进行"蒙""猜"等方式完成，需求挖掘的效率很低，成本很高。而直播电商通过主播团队与粉丝的深层次互动，能够全面挖掘消费者的隐藏需求。例如，通过对粉丝互动信息数据的分析，能够提炼出具有某些相同特征消费者的隐藏需求，进而反馈给上游生产厂商，生产出更好地满足这些隐藏需求的产品。

2. 社群化/分享（Social/Share）

直播电商不单纯是数据和算法，而是需要推动品牌商和用户、主播和粉丝、主播和品牌商之间形成一个具有共同体验、共同发现生活美好的社群。通过社群，各个主体可以分享关于商品、消费、生活的各类经验，形成弱连接关系，从而推动"发现电商"成为主流。

直播电商带来了零售业各个主体之间的关系变革。直播电商对原有的电商模式进行了改变，在直接销售环节，直播电商引进了一个关键的角色，即"主播"。而主播与供应商（供应链）之间的关系并非单纯的买卖关系，与粉丝（消费者）之间也并非单纯的销售关系。主播在供应商与消费者（粉丝）之间充当了一个非常重要的中介角色，这个角色承担了很多责任，包括以丰富生动的方式传递关于商品的数据（包括各类物理化学指标等客观数据，还包括美感、使用体验等主观数据），代表消费者与供应商进行价格或折扣的谈判。而且，主播还承担了消费者的许多工作，如在众多的商品中选择更符合消费者需求的商品、对商品进行主观评价、对商品进行试用等。主播与供应商、主播和粉丝之间超越了买卖关系，而是一种更广义上的社交关系。

直播电商社群关系的深化，其背后的理论逻辑是实现从"单边网络效应"到"跨边网络效应"的转变。单边网络效应一般是使用端的网络效应，也就是说产品的销售量越大，对消费者的价值越大。最典型的是移动电话，使用移动电话的人越多，移动电话给人带来的价值越大。而全球只有一个人使用移动电话时，其电话功能就处于无价值状态。跨边网络效应与这一点不同，主要是主播通过连接供需两端，使双方的价值变得更大。例如，主播的粉丝越多，与供应商的谈判能力就越强，就能够为粉丝谋取更多的福利。反过来，主播在供应商处争取的福利越多，也会吸引更多的粉丝。对供应商而言，与一个拥有众多粉丝的主播合作，不但能够在短期内扩大销量，也能够使品牌的知名度快速提升。

研究表明，社交与吃喝一样，是人类最本质的需求。尤瓦尔·赫拉利在《人类简史》一书中提出，智人之所以在诸多的类人猿中脱颖而出，成长为今天处于世界霸主地位的万物灵长，一个非常重要的原因是人类具有八卦的天性。因为八卦，人类需要交往，交往推动了合作，从而加速了人类的进化。直播电商已形成了多种形态的社交感，通过这种社群关系，消费者可以与主播、品牌商进行实时互动，利用各种方式提高互动的趣味性，增强观看直播的沉浸感，有助于增加品牌商、主播与消费者之间的情感联结，调动消费者的情绪，刺激购买行为的发生。平台的运营活动促进了参与者的多对多动态交互，从而提高了社群的吸引力。

直播电商社交场景的搭建，还提供了更丰富的连接关系。通过直播间、粉丝群等社交场景的搭建，粉丝与粉丝之间、粉丝与主播之间、粉丝与品牌商之间，都可以进行更多的互动和分享。通过这种互动和分享，多方主体之间可以形成马克·格兰诺维特（Mark Granovetter）所说的"弱连接"（Weak Ties）关系。而这种关系被证明对一个人的工作和事业更有帮助，也有利于传播更多的信息。

购物体验是一个复杂综合的内容，在直播间的氛围下，通过购物分享和社群，还有可能对某些心理问题进行缓解。有学者提出，人们通过购物来自我调节、释放压力、缓解负面情绪等，这样可以实现心理问题的自我疗愈，这被称为零售疗法（Retail Therapy）。2011年美国开展的一项对407名成年人的研究表明，计划外的购物似乎有助于缓解不良情绪。2013年的第二项研究类似地发现，零售疗法是扭转情绪低落的有效方法。有趣的是，它似乎对悲伤的情绪更有益，而对愤怒的情绪却不一定。可以相信，直播电商将购物、社群、分享等整合起来，可能具有深度应用零售疗法的潜力。

3. 发现/洞察（diScover/inSight）

直播电商是复杂网络环境下聚合各种资源而形成的一种优质服务生态系统。在这个生态系统中，平台作为"关键主体"在价值共创互动关系网络中发挥重要的连接聚合作用，拥有数据、算法等多种资源，能够使平台内的服务商、经营者更好地洞察消费者，而平台的数据资源等，也可以帮助消费者发现与其具有较深契合度的商品/服务、主播和商家。

一是主播团队的服务人员、技术人员等，利用平台大数据、算法等基础资源，发现更有性价比、与主播人设更为契合的商品/服务。平台上商品种类繁多，同一品类的商品也存在着诸多品牌商，服务商可以通过利用平台的大数据、算法等，找到更适合的商品/服务资源，从而为消费者带来更多的福利。

二是通过消费者洞察，为主播、供应商匹配更具有契合度的消费者。不同的主播、品牌商或者服务商，都有不同的消费者。利用数据、算法等，能够为主播、品牌商或者服务商找到其目标受众，并制定相应的展业方案。

三是利用消费者洞察，制定更有针对性、更高效的营销方案。品牌商、主播在进行产品或服务的营销时，都关心 ROI，而提升 ROI，需要利用平台资源，对营销方案进行全方位的优化，提升营销资源的使用效率。

四是主动帮助消费者发现更契合的商家、商品/服务、主播。在图文电商时代，消费者主要通过搜索的方式去寻找自己喜欢的商品/服务，但是，消费者对需求的表达具有模糊性，而在平台的支持下，消费者能够更加快捷地找到其喜欢的商家、商品/服务、主播。

五是推动商品主动寻找到适合的消费者。随着消费升级，电商发展将经历一个从"人找商品"到"商品找人"的过程。直播电商发展过程中，主播、品牌商与消费者形成的社群关系，结合平台大数据、算法等资源，能够实现"商品找人"。在商业发展过程中，商品无法主动找到消费者，需要一个中介，而直播电商中的主播可以很好地充当这个中介。

4. 服务/信任（Service/truSt）

从本质上看，直播电商就是一个服务聚合的过程。主播团队在直播前、直播中、直播后都应该为粉丝/消费者提供更为全面的服务。在直播前，主播团队对商品的特性、价格、材质、工艺、安全性等问题进行深入调查与测试，收集相关数据，并备存相关文件。对某些产品，主播团队还要进行试用，以获得更为具象的数据和体验。这是为消费者/粉丝①提供全方位服务的基础。而且，在直播前，团队还要通过粉丝群等途径，了解消费者/粉丝所关注的重点，从而在直播时提供更为个性化的服务。主播团队还要代表粉丝与品牌商进行谈判，以获得更优惠的价格，为粉丝谋取更多福利。

在直播过程中，主播不但要对相关知识、产品本身、使用心得、品牌故事等各种体验进行分享，还要在直播间通过互动方式及时回复粉丝的各种问题，为其提供各种贴心服务，为消费者做出购买决策提供数据支持。

在直播之后，主播团队不但要解决消费者在使用过程中遇到的种种问题，还要承担退换货、物流等诸多方面的售后服务责任，严格保护消费者权益。与一般电商或销售不一样的是，

---

① 当某个人只是喜欢主播并观看直播，这时他的身份是粉丝；当其在直播间下单购买产品时，他的身份转换为消费者；当其长期使用所购买的商品时，他就变成了用户。

直播电商还将提供消费者交流的平台，引导消费者在平台上就商品使用心得进行交流，并提供专业的指导。消费者的交流本身会带来极大的价值，例如，很多商品可以在消费者的交流中挖掘出更多的性能与用途，这相当于增加了商品的价值。而从消费者使用中所获得的经验与数据，反过来又能指导生产厂商对商品进行改进与完善。

直播电商能够为各类渠道商提供更为完善的服务体系，从而打开其成长空间。通过直播电商，可以将地理上分散的企业组织连接在一起，从单纯的地理空间进入地理空间与虚拟空间复合叠加的一个新空间，省去了传统商品流通渠道中层层交易的中间环节，降低了品牌商布局垂直网络渠道的高额成本。在这个过程中，直播电商生态中各个主体能够为品牌成长提供丰富的服务资源。通过代播、培训、数据服务等方式，有利于将既有渠道商实现数据化、智能化，提升其服务能力。

品牌商（生产者）、主播团队等，是直播生态中的核心部分，为直播电商提供源源不断的发展资源。在这个过程中，直播电商生态各个主体之间的关系也不同于简单的供应链关系或者买卖关系。主播团队和生态各方之间建立了一种新的信任机制，这是一种合作型信任。这种合作体现在两个方面。一是主播与商品或服务生产者之间的合作关系。主播在直播间销售商品或服务之前，必须对商品或服务有充分的了解，因而主播与商家之间必须有一个基本的合作机制。二是主播与粉丝或消费者之间的合作关系。直播电商的特定模式，使主播与粉丝或消费者之间不是单纯的买家与卖家的关系，而是一种合作共享关系，这建立了新型的信任关系。正是这种关系，使直播电商不同于传统的电商模式和线下商业模式，从而缩短社会价值转化流程，大幅度地降低了交易过程中的信任成本。

5. 供应链/协同（Supply-chain/Synergism）

优质的高性价比商品是直播电商快速发展的基础，也是主播维持粉丝忠诚度、形成良性循环的基石。因此，拥有柔性供应链能力的主播，可以快速响应粉丝需求，减少中间加价环节，推出高性价比的产品从而获得消费者的认可。因此，直播电商要求供应链必须随需而变，能够满足直播电商对供应链的要求，形成由品牌企业、产品制造商、原料供应商、仓储物流、产品运营团队等上下游多主体共同搭建的快速需求响应链条。

在供应链前端，主播团队可以利用直播电商的互动优势，通过直接对话、社群交流以及对评论、点赞、分享、加购、成交等数据的分析，深刻了解消费者的需求，与品牌商共同就产品研发、设计、工艺、定价等进行探讨，满足差异化、特色化、定制化需求，将这些需求及时准确地传达给品牌商，从而生产出更符合消费者个性化需求的商品，从而提高供给侧效率。在供应链中端，直播电商可以指导生产企业进行定制化生产，不但满足了消费者的个性化需求，也使企业避免了库存等问题，极大地提升了供应链的效率。在供应链后端，主播团队可以根据产品库存、生产能力、原材料供应等情况，合理安排直播场次，使直播电商与供应链的融合更为紧密。

主播团队还可以与品牌商协同，讲好品牌故事，赋予品牌文化内涵。有一些成规模的 MCN 机构则开始寻找供应链打造自有品牌，甚至自建供应链，由专业团队来进行产品开发、生产品控、仓储管理、物流管理、售后服务等工作，提升各个环节的协同度，从而进一步缩短供应链，实现短链营销，通过去中介化降低渠道费用，为消费者提供高性价比的商品，也能够提高主播与上游环节的沟通效率，使主播能够更好地理解商品，甚至能够为主播量身定做与其人设相吻合的商品，从而进一步提升主播的人气。

更进一步说，在直播电商发展过程中，已形成了一个丰富的生态系统。在其生态的核心圈层，主要包括品牌商（生产商）、MCN 机构、主播、粉丝（消费者、用户）和电商平台，其外部圈层包括技术、培训、物流、支付、包装等各种服务机构和政府部门。直播电商生态中的各个主体之间相互协同，形成了直播电商发展的整体环境。

直播电商通过与实体经济融合，推动实体经济生产者更准确地把握消费者的需求，从而推出更符合消费者个性化需求的商品，扩大消费需求。从消费人群看，中国的消费主力人群已呈现年轻化的特点。2020年中国消费主体人口中"00后"占13%；"90后"占17%；"80后"占16%；其他年龄段占54%。而统计数据表明，新一代年轻消费者（18—35岁）在消费大盘子里所占的比重越来越高。2011年，中国上一代（35岁以上）消费额为1.4万亿美元，新一代（18—35岁）消费额为0.7万亿美元，二者之比为2∶1；到2016年，二者消费额分别为1.9万亿美元和1.5万亿美元，二者之比为1.3∶1；到2020年，二者消费额分别为2.4万亿美元和2.6万亿美元，新一代年轻消费者的消费总体水平已超过了上一代，成为消费的绝对主力。新一代消费者的需求具有个性化、碎片化、多样化等特征，直播电商通过社群、分享、丰富、生动等特点，更能够了解这些消费者的需求。另外，直播团队一般都与品牌商有着深入的沟通与合作机制，能够将这些需求及时准确地传达给品牌商，从而生产出更符合消费者个性化需求的商品，拓展消费需求。例如，各大直播间都基于消费者需求，推出了反向定制（C2M）的产品，受到了消费者的广泛欢迎。

（七）主播带货生态推动价值共创

1. 主播带货生态价值共创的逻辑

随着直播电商的快速发展，直播电商生态日趋完善，平台、MCN机构、商家、主播、消费者、供应商、服务商、政府等角色，通过相互配合、相互合作，共同为用户提供更好的消费体验，形成一个快速发展、活力十足的新生态。

企查查数据显示，2021 年中国新增直播相关企业注册量为
18.33 万家，同比增长 244.21%，并且超过以往历年注册量的总
和，2022 年上半年新增直播相关企业注册量达到 17.85 万家，
同比增长 199.77%。根据艾媒咨询数据，[①] 2021 年中国 MCN 机
构数量达到 34000 家，较 2020 年增加近 6000 家。根据艾瑞咨询
数据，截至 2020 年中国直播电商主播达 123.4 万人，同比增
长 348.8%。[②]

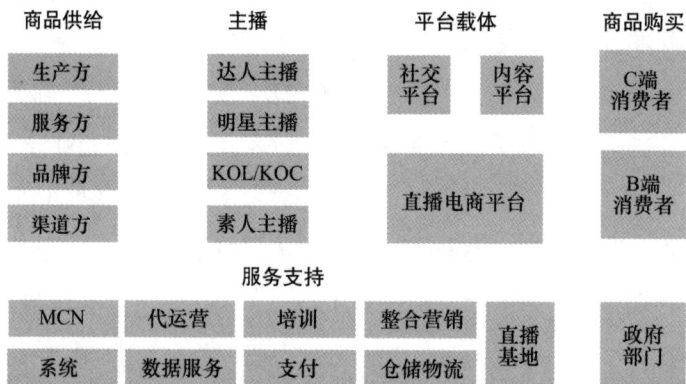

图 2-4　直播电商生态

从整体上看，直播电商生态中的各个主体均是直播电商价
值共创的一个环节，从而推动直播电商的价值进一步凸显。

一是协同价值共创。

主播带货加大了价值链中各个主体的协同度，使生产者与
消费者之间具有更多的信息沟通机制，并缩短了生产者到消费

---

① 《艾媒咨询：2021—2022 年中国 MCN 行业发展研究报告》，2022
年 1 月 2 日，网易，https://www.163.com/dy/article/GSNMTRIM0511B3FV.
html。

② 《艾瑞发布〈2021 年中国直播电商行业研究报告〉，辛选以供应
链优势成行业样本》，《杭州日报》2021 年 9 月 14 日。

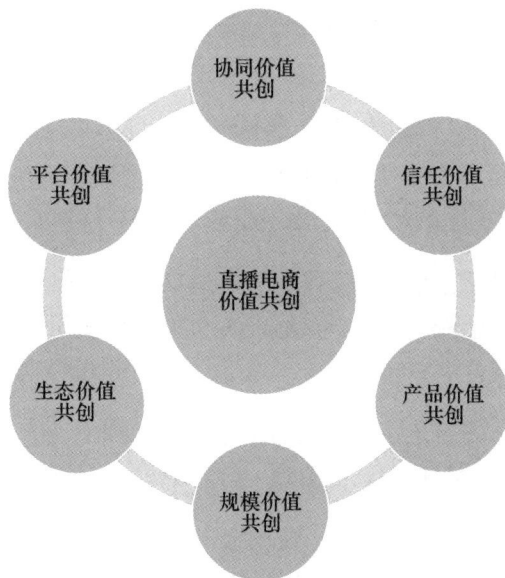

图 2-5　直播电商六大价值共创

者的渠道流程和链条，从而增强了整个价值链的协同，减少了交易成本以及全流程中的浪费，提高了效率，实现了各个环节的价值共创。

二是信任价值共创。

主播带货通过平台和主播等环节，使商品数据化过程更为可信。平台为商品数据提供制度化信任保障，而主播通过与粉丝的社交关系，进一步强化了情感信任，直播电商本身的技术特点，更好地保障了商品数据化过程中的数实相符，从而构建了新的技术信任机制。在制度信任、情感信任与技术信任的机制下，减少了消费者的信息不对称，从而使整个直播价值链的信任价值大幅度增加。

三是产品价值共创。

主播带货能够更好地将主播、消费者所收集的关于商品的数据，连同平台关于商品的大数据，回馈至生产厂商，指导生产厂商对商品进行持续改进，从而生产出更符合消费者需求的产品，实现产品价值的提升。

传统观点认为，较低价格带来的消费者福利收益主要以生产者损失为代价。但像淘宝直播这样的平台使品牌商（生产者）、主播团队、零售商都能从中受益，供需双方都可以从较低的搜索和交易成本中获得不断增长的收益。与低价带来的福利收益相比，增加产品种类、扩大销量为消费者和生产者创造的总福利收益，显著高于单独估计的消费者福利收益。平台在参与价值共创过程中，通过显示消费者消费行为的动向和趋势，推动市场提供新的商品或商品组合，发现和创造新的商品或商品组合。通过数字技术，将原材料供应商、中间服务提供商等各方同最终的销售网络进行连接，在提高各环节效率的同时，拓展新业态、新模式，丰富行业供给，创造更大的价值。就平台自身而言，利用主播带货将分散在平台上的消费能量，通过生态系统进行挖掘，并通过各种货币化方案予以重新利用，是平台参与价值共创的重要举措。

四是规模价值共创。

主播带货发展过程中，主播利用平台聚集具有共同偏好的消费者，从而能够聚合大规模的需求，使厂商能够进行规模化、标准化生产，从而降低整个供应链的成本，也使消费者能够以更低的价格购买到相应的商品，从而实现了商品的规模生产价值。

五是生态价值共创。

主播带货是复杂网络环境下聚合各种资源形成的一种优质服务生态系统，在海量非线性的信息资源交互中形成了庞大的价值网络，从而为多元利益相关主体的互动和价值共创创造了机会。主播带货价值共创参与主体种类繁多，平台作为"关键主体"在价值共创互动关系网络中发挥重要的连接聚合作用，为多元利益相关主体之间进行服务交换和资源整合提供了良好的生态平台，带动了主体角色、关系网络、共创能力层面的交互；由多元利益相关主体互动实现价值共创，需要多种要素的相互配合，在多次电商直播循环过程中深化互动层次和价值，最终实现由主体浅层互动到主体与信息资源深层互动的价值共创。

例如，MCN 机构是在主播带货时代兴起的网红生产工厂，是主播带货生态的重要元素。MCN 机构不仅作为中介方发挥信息沟通的作用，而且提供了更为丰富的服务，包括主播培训、内容生产、多渠道分发、平台合作、粉丝运营、流量管理等方面的服务。在主播带货成为内容行业重要的变现形式后，直播电商领域的 MCN 机构更是将招商选品、促销方案、供应链管理、品控、售后服务等作为其非常重要的职能。MCN 机构作为连接品牌商、主播与直播平台的桥梁，其最大价值体现在精准高效地匹配供应链、孵化主播和维持流量。从现阶段看，MCN 机构推动了主播的批量化生产，对激活直播市场具有非常重要的意义。从未来发展看，MCN 机构通过"代运营、代播、代销、培训"等整合供应链，深度绑定商家，打造直播电商的"品牌孵化基地"，将成为直播电商生态中的重要环节。这样，MCN 机构通过协同直播电商生态中的相关环节，推动了直播电商的价值创造。

在直播生态发展过程中，还会出现一些新的机构，如选品中心、云仓等。可以预期，在不久的将来，专业为主播提供选品服务的平台型选品中心将成为直播电商生态中的一个重要部分。平台型选品中心提供专业的选品服务，其核心包括：帮助品牌方梳理清晰自身卖点；协助主播或 MCN 机构与供应商以及品牌方进行一对一的深度沟通；提供产品的功能及外观设计等优化服务；等等。选品中心不同于电商交易平台，它是由专业的团队组成，具有对产品功能进行深度分析、产品标识及说明书的评审、对相关标准的审读、产品外观设计及包装的重组、对产品进行专业检测、对产品进行试用等功能。云仓提供仓储、物流等商品物理空间流转服务。这些将物理资源进行整合的生态组成部分，将使直播电商的物理环节得到补充，从而为平台内中腰部主播的成长提供基础资源，形成更好的主播成长生态。

六是平台价值共创。

在直播电商生态中，直播平台是生态价值共创的核心。平台汇聚了大量卖家与买家，有利于满足消费者的多样化需求，也有利于卖家寻找到更多的消费者。在这个过程中，虽然卖家与买家的数量越多，越会增加平台的潜在价值，但是也会带来交易成本（如搜寻成本、匹配成本）的增加。而直播电商，通过平台、主播与卖家的共同努力，将搜寻、匹配等交易成本大幅度降低，从而使平台的价值更为凸显，实现了平台价值共创。

2. 不同平台的价值共创逻辑

在生态价值共创过程中，平台在生态中占据主体地位，能够为多元利益相关主体之间进行服务交换和资源整合提供场所和保证机制，在直播电商发展中具有更大的中心性。平台对于消费者而言，不再只是承载优惠、团购的消费工具，更是品质生活与理性购买决策的载体。平台不但提供了直播电商的场所和空间，而且在提升直播电商经营效率、优化用户购买决策等方面也起着不可忽略的作用。平台能够保证直播电商生态的质量、稳定性和效率。直播电商的生态涉及诸多主体，平台通过建立一整套机制，对生态内的各个主体之间的交易建立规则，从而提高生态系统的质量和效率。主播和平台之间是相互依存的关系，主播是直播平台的核心资源、内容的生产者，同时，好的平台也是主播的流量池，平台用户越多，主播可以获取的粉丝就越多。平台为主播提供更丰富的服务资源，如商品资源、消费者洞察、品牌商特性等，确保主播能够更快成长。

根据《网络直播营销管理办法（试行）》，直播营销平台，是指在网络直播营销中提供直播服务的各类平台，包括互联网直播服务平台、互联网音视频服务平台、电子商务平台等。从事直播电商业务的平台主要分为三大类，其价值共创模式各有千秋。

第一类是传统电商平台为鼓励商家发展，自行搭建直播板块，作为平台商家销售运营的工具。典型代表如淘宝、京东、拼多多、苏宁易购等，此类平台具有丰富的货品和商家资源、成体系的电商服务和消费者权益保护体系，以及平台治理规则。传统电商平台在体量上仍占据优势。

第二类是内容平台转型发展直播电商业务。典型代表如抖音、快手、小红书、B站等，此类平台上达人资源丰富，流量资源充沛，近两年呈现爆发式增长趋势，是直播电商增量的重要来源，例如，在抖音电商平台，2020年1—11月新增开店商家数量增长17.3倍，GMV实现了指数级的增长。2021年1月总GMV相比去年同期增长高达50倍。但是，这种快速增长的模式，以及平台电商生态有待完善，都给内容平台转型发展直播电商带来了挑战。

第三类是社交平台将流量聚合，转化为商业价值。典型代表如微博、微信等，此类平台具有很强的社交优势，用户覆盖面广，能够调动私域流量。

由于平台"流量特点"不一致，直播带货在不同的平台显示出不同的生命体征，跨平台复制较难。以淘宝直播和快手直播为例，一个是流量由平台控制的生态，一个是私域流量运营较强的生态，主播/MCN/自播商家在单一平台形成的知识和方法论无法顺利迁移到其他平台。另外，对比内容直播带货与淘宝直播带货，高传播≠高转化也成为内容平台带货的痛点，内容直播电商具有丰富的内容资源与一批高流量的主播，传播效率高，但对没有流量积累的自播商家来说，需要更多的前期积累。

对于不同平台而言，消费者决策的流程是不一样的。对于泛娱乐平台，主要是基于对主播的信任而下单。在这个过程中，消费者的购物需求可能并不明确，很多是因为主播的推荐而产生的临时决策性购买。在这个链条里，主播非常重要，起到了吸引粉丝、导流、商品解说等多重作用。最重要的是，主播调性与商品调性之间需要有很好的联结点。而对于电商平台而言，很多消费者都是基于对商品的需求而下单，主播承担了导购、促销、发现等多方面的工作。直播在这个过程中，发挥了更为直观、更为可信且丰富立体、双向沟通的商品信息传递渠道作用。

随着直播的演进，两类平台之间的区别正在弱化。一方面泛娱乐直播平台的网红也正在变成专业的导购，例如，抖音红人"衣哥"曾是一个主打PK的娱乐主播，3个月内完成了向带货主播的转型：拥有887万粉丝、半小时卖掉5万盒面膜、3个月带货1.7亿元。很多粉丝对这些主播的关注点正在从信任、兴趣等元素，变为直播带货商品。另一方面，电商直播平台的头部主播网红化趋势越来越明显，很多大主播都按照明星的路径来打造自己的人设。而粉丝可能直接关注这些主播，关注其直播内容，并在观看直播过程中直接进行购买决策，而不是从搜索商品入手再找到店铺，通过直播了解到商品的特性，再进行购买决策。

三 直播电商的理论逻辑：品牌自播

品牌自播是品牌商或者品牌经营者使用直播的方式来进行营销，与主播带货模式的区别在于，品牌自播过程中，主播与品牌商或者品牌经营者属于雇佣关系或者合同关系。在品牌自播的过程中，主播在直播中只播放一个品牌的产品。品牌自播使品牌商能够以更形象、立体、丰富的方式向消费者展示、说明、演示其产品的特性。

（一）品牌自播是解决传统电商存在问题的一种方案

电商的核心是商品数据化，也就是将商品或服务变成一种可在网上自由流动的数据，从而实现跨时空的交易。由于数据流动的范围和成本要远远低于商品以实物方式进行同样的操作，电商在某种意义上天然具有低成本的优势。

传统的电商模式强调利用图文的方式将商品数据化，解决了商品上网营销的问题，但是，图文方式使商品变成一种冷冰冰的数据，缺乏形象立体的生动呈现。其面临的一个问题是促进消费者作出购买决策的依据不足。

具体而言，图文方式呈现数据面临着以下几个问题。

一是数据真实性与完整性问题。

将鲜活的商品转换为数据，这里涉及的一个基本问题就是

"数实是否相符"，也就是说，数据是否由真实商品产生的、数据是否真实地反映商品的情况、数据是否传达了商品的重要信息。这个问题在电商发展早期就出现过，很多商家利用图片过度宣传，从而对消费者产生误导。

例如，在衣服拍照时，出现色差；有些商品并不是由卖家自己拍摄，而是直接在网上盗图；一些商家故意隐瞒商品重要信息，不提供商品的核心信息。这些不完整、不真实的信息，使消费者对电商产生了天然的不信任感，这也就是电商需要更严格的售后服务（如七天无理由退货）、更低的价格的重要原因。

二是数据的合需求性问题。

与商品相关的数据非常多，包括材质、样式、规格、颜色、认证等诸多信息，消费者对这些信息的关注度是不一样的。因此，卖家数据的呈现方式需要符合消费者对数据的需求。

例如，调查发现，女装退货绝大部分是由款式、色差、偏好等非质量因素引起的，真正做工质量引发的退货不到1%。而产生此类退货的深层原因在于，消费者对产品数据的需求是多样的，而图文电商展示的信息有限，并不一定合乎消费者的需求。

从实际情况来看，在图文电商时代，尽管商家呈现了非常多的数据，然而，这些数据是不是消费者所关心的，或者消费者能否在最短的时间内找到所需要的信息，商家缺乏必要的反馈。而精准提供符合消费者需求的信息，不但对消费者减少购物成本、节省购物时间有重要意义，也对商品卖家提高营销效率、降低沟通成本、减少售后事件有重要价值。如何提供更符合消费者需求的数据，是电子商务必须解决的一个问题。

在图文电子商务时代，卖家依赖平台提供的大数据来优化数据提供模式，这使卖家对平台的依赖进一步加深。而且，这种模式本身也有需要进一步优化之处。

因为平台虽然有大数据，但是这些数据存在着严重的"片段化、碎片化"问题，这导致真实的关系更难以发现。这一观点是由纳西姆·塔勒布（Nassim Taleb，著名商业思想家，著有《黑天鹅：如何应对不可预知的未来》等作品）提出的。随着我们掌握的数据越来越多，可以发现的统计上显著的相关关系也就越来越多。这些相关关系中，有很多都是没有实际意义的，在真正解决问题时很可能将人引入歧途。这种欺骗性会随着数据的增多而指数级地增长。在这个庞大的"干草垛"里，我们要找的那根针被越埋越深。大数据时代的特征之一就是，"重大"发现的数量被数据扩张带来的噪声湮没。

三是信任度问题。

从电子商务来看，这种利用互联网传播信息的模式，天然会产生信任问题。凯文·凯利（Kevin Kelly）在《必然：理解改变我们未来的 12 种技术力量》（*The Inevitable：Understanding the 12 Technological Forces that will Shape Our Future*）一书中提出，"互联网是一台复印机。在最根本的层面上，它将我们使用它时所提供的一切行为、一切特征、一切想法拷贝成为复制品。为了将信息从互联网中的某个角落传输到另外一边，通信协议令信息在传输过程中经过了数次的复制。而当复制品免费时，你就要去销售那些无法复制的东西"。他进一步指出，无法复制的事物有很多。比方说"信任"。信任无法复制，也无法购买。信任必须通过时间积攒得到。我们无法下载信任，更无法伪造信任（至少无法长期伪造）。在所有情况大体相当的情况下，你永远会倾向于和自己信任的人打交道。因此，信任是一种无形资产，它在复制品泛滥的世界中具有的价值越来越高。

图文电商主要通过平台利用评分、强制售后服务等各种治理机制来建立信任机制，这种方法的成本很高，而且效率有待提升。有数据显示，目前 92% 的用户最相信的是熟悉的朋友的推荐，而只有 47% 的用户相信广告的推荐。

从前文的分析可以看出，传统电商在商品数据化过程中，虽然解决了数据传输的效率问题，但仍存在需要进一步优化之处。

（二）品牌自播是商品数据化 2.0

直播电商以互动、社交方式展现商品，实现商品数据展示的互动化和社交化，提高商品数据的温度，从而推动电子商务商业模式走向新的方向。更丰富的数据、更生动的展现形式，加上直播间的互动，有利于解决电商的信任机制问题。从这个意义上看，直播电商力图解决图文电商在商品数据化过程中所面临的真实性、完整性、娱乐性、互动性、综合需求性、社交性、可信性等问题，是电子商务商品数据化的 2.0 版，将对电子商务产生新的推动作用。

商品数据化 2.0 的一个重要作用是流量成本下降以及流量转化率的提高。

中国互联网络信息中心（CNNIC）发布的第 46 次《中国互联网络发展状况统计报告》显示，截至 2020 年 6 月，中国网络视频（含短视频）用户规模达 8.88 亿，占网民整体的 94.5%，其中短视频已成为新闻报道新选择、电商平台新标配。网络新闻用户规模为 7.25 亿，占网民整体的 77.1%。电商借助社交、短视频等平台，通过可视化的方式提升传播效能，助力商品的宣传。

直到目前，电子商务仍主要停留在图文时代，即以图文数据为商品的表现形式，通过互联网作为载体，向消费者传递关于商品的信息。在互动性、生动性、娱乐性、信任机制等方面仍有不足。

以图文展示商品，与商品相关的信息有限，而且真实性可信度都容易受到质疑。例如，图片呈现本身因相机、屏幕等而产生色差，在实际进行虚拟店铺装修时，图片存在过度美化的情形。因此，消费者需要根据其他信息做出决策（例如价格、品牌等）。

这一点可以解释为什么电子商务兴起的一段时间内，兴起了很多依赖于电商网络渠道的品牌（例如 2008 年前后兴起的"七格格"）。然而，这些品牌成长到一定阶段之后就难以再实现超越，究其本质是品牌成长受到了图文电商本身的限制。因为图文电商应用过程中，消费者面对的是冷冰冰的数据，缺乏可信任的中介，支撑消费者做出决策的信息是不够的。图文电商的发展过程中，本质上没有人的存在，因此也没有温度存在。

近年来，随着流量红利的衰减，以及电商商业模式本身的局限，电子商务增长速度开始逐年放缓。2019 年，中国电子商务网上零售额首次低于 20%，同时也是首次低于世界平均增长速度。

为什么会这样呢？因为电子商务商业模式的特点，在其内在逻辑上，就蕴含着增长的困境。

第一，用户购买商品时横向对比的困扰。理论上，用户可以根据商品详情图、评论、打分等因素对商品进行综合评价。但是做出这种评价时，消费者的时间成本仍然非常高昂。

第二，用户的驻留时间越来越短。为了解决消费者的选择困境，很多平台商都研究了推荐系统，使消费者能够更精准地找到所需要的商品。然而，推荐算法越来越精准之后，消费者在网站的驻留时间越来越短。网上购买商品，用户要先打开网站或 App，对比下商品的价格，浏览一下图文介绍以及网友的评论，在这短短的 20 分钟甚至 10 分钟，很难留出更多的"富余"时间，促使消费者"四处闲逛"进行非计划性购物。

第三，厂商头部效应越来越明显，从事电子商务的厂商面临着增长困境。大部分电子商务买家的每次购买基本以搜索为起点，但绝大多数人只会看完平台第一页的商品，其余的推荐几乎被忽略。也就是说，如果电商做不到前几名，那么商品被售出的概率就非常小。从这点来看，对大多数商品而言，电子商务的展示频次甚至不及线下的商场、批发市场。

第四，平台上消费者的非意向性购买越来越少。传统电商的购物模式有两种，一种是"搜索—浏览—选品—加购—付款—评价"；另一种是通过电商平台网页、App 的首页推荐，或各垂直频道的"商品信息流"发现商品，并最终完成购买。第一种模式，其本质上由消费者推动，很难产生非意向性购买。而第二种信息流方式，虽然平台首页的"特价商品"或"促销、拼团、特卖"等一级频道，都可以实现对消费者购物需求的刺激，但受限于电脑网页、App 本身的内容承载量，只是在部分层面刺激着非计划性购物的占比。而且，电脑网页、App 信息流展示"商品"的局限性，使各大平台必须让每一个"推荐位"的商品，都是消费者最喜欢的产品，造成了电商消费一定的集中化。

第五，线上购物缺乏线下购物的体验。购物体验是一个复杂综合的内容。有学者提出，人们通过购物来自我调节、释放压力、缓解负面情绪等可实现心理问题的自我疗愈。这被称为零售疗法（Retail Therapy）。在现有的图文电商模式下，线下购物的体验仍是无法替代的。

第六，信任机制的缺乏。线上购物模式，主要是消费者通过对商品信息的浏览作出购买决策，在这个过程中，消费者如何建立信任机制，是一个尚未解决的问题。在直播电商模式下，主播担任了信任中介，部分解决了电商发展过程中的信任机制建立问题。①

在这种背景下，如何引进立体化、娱乐化、互动化、社交化的商品数据化模式，就成为电子商务创新的一个重要基点。

（三）直播电商的兴起：从商品数据化到商品兴趣化

电商的本质是商品数据化，数据化有多种表现形式，最初

---

① 信任机制的建立，有很多种方式，包括利用品牌建立信任机制，利用广告代言人建立信任机制，等等。

的表现形式是文字、图片等。这使人、商品、卖家能够分离，营销活动更丰富多样，从而在营销模式方面有更多的创新。货架式图文电商虽然带来了营销的高效率，但在数据表现、消费者选择等方面仍存在着问题。

直播电商将商品数据化做到了一个新的阶段。比起线上平台的平面图片，直播更加直观、更加真实，互动性也更强。直播可以让消费者更直接地看到商品的方方面面，有的主播还可以根据粉丝的要求进行多种搭配，直接查看效果。主播实时现场的语言和情绪、观众现场的即时反馈相比于纯粹的图片和短视频会让商品显得更加真实，进而降低信任成本。同时，直播间内有主播的存在，就有实时的交互渠道，能够让用户感知到切身服务，用户

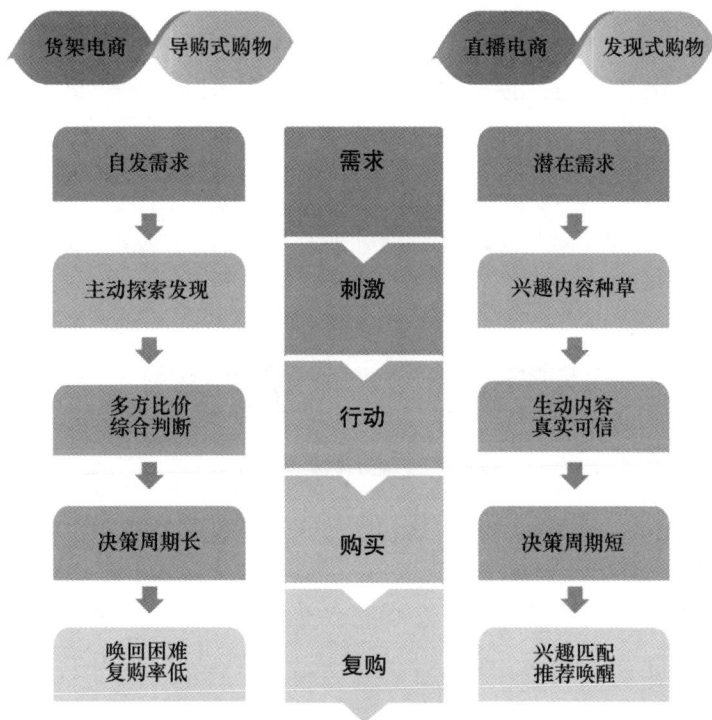

图 3-1　直播电商与货架电商的区别

资料来源：巨量算数 & 抖音电商，2021 抖音电商生态白皮书。

诉求可以较快得到响应，而主播也能够很快得知用户的反馈。对于一些体验性较强的商品（如美妆、服装等），在直播时还能够看到更为直观的效果，这有利于消费者进行决策。

直播电商本质上是一个发现的过程。电商是一个商品数据化的过程，在图文电商时代，通过把商品数据化，极大地提高了商业运营的效率。但是，这个过程中，人是没有存在感的，因此也没有温度存在，商品数据是为算法服务的，数据缺乏温度，不能进行形象的互动、缺乏直观的信任机制，交易发现过程主要由消费者发起的搜索推动，冰冷的算法发挥了更多的作用，品牌商和平台内的经营者相对而言比较被动。这是商品数据化 1.0 的阶段。

直播电商不但实现了商品数据的立体化、丰富化、形象化、实时化，而且在商品与消费者之间引入"人"的因素，实现了商品数据化 2.0，这使数据更有温度，从而使品牌商、经营者、主播、服务商等价值链中的主体在交易发现过程中更为主动，人际关系、社群等成为更为重要的推动因素。

图 3-2　商品数据化 2.0

这是"发现电商"的核心和本质，通过模式创新，以有温度的数据实现更多的发现过程：经营者更快、更精准、更高效地发现消费者（以及消费者的需求）、消费者不再有选择困难症，更精准地发现商品（以及经营者）；平台通过聚合各类资源，发现经营者、主播、消费者、服务商；平台生态内的服务商发现各类客户的现实需求及潜在需求，提供更具针对性的服务。这个多维发现过程改变了原来的"单向搜索"与"广告硬推"过程，促进了直播电商生态中各个主体的协同合作，从而极大地提高了电商的效率，推动了平台生态多主体价值共创。

（四）品牌自播价值共创：人、物、渠道、品牌的深度融合

品牌方参与直播，其本质就是人、物、渠道、品牌的深度融合，实现直播生态内各方共同推动价值共创。在直播电商售卖过程中，平台方是链条的核心，它提供了带宽、技术支持、营销推广，吸引内容创作者和商家入驻、分发内容，形成了公域流量。主播及直播服务机构、品牌商是实现直播价值共创的实体。

1. 品牌自播方式

品牌参与直播电商的方式，按照人、物、渠道、品牌的融合程度不同，可分为红人直播、品牌自播。

（1）红人直播：品牌商利用网络红人的流量效应，通过直播电商平台以直播方式实现产品或服务的销售。网红的话题性、传播性等，将会给品牌商带来更多的流量，而粉丝对网红的信任，使网红能够为所卖品牌与产品背书，增加消费者对产品的信任。红人直播的交易主体包括"品牌商""带货人""消费者"。品牌商是为完成一定销量目标而提供商品销售的品牌企业，是产品的生产者或经营者；带货人是在直播间负责互动式产品展示的主播；消费者包括主播粉丝、品牌粉丝以及来自各类渠道的潜在消费者。

根据网络红人的性质，可分为专业主播直播、专家达人直播、关键意见消费者（KOC）直播、明星直播。

专业电商主播一般专业从事直播营销工作，有专业的选品能力，对售卖的商品比较了解，具有熟练的销售技巧，并且自

带一定的粉丝流量。品牌商通过主播的加持让用户增加对产品的信任度和购买欲，提高产品的销量。淘宝直播上的很多专业主播，都是以这种形式与商家进行合作。从粉丝量来看，这些专业主播可分为头部主播、中腰部主播、新手主播。专业主播的特点是其粉丝观看直播的主要目的是购物，其带货能力强，容易出现单场爆发式销售量。在新品发布、尾货清仓、大促联动等方面，选择专业主播更有优势。但是，由于很多主播都是采取"集货"方式进行直播，容易忽略对品牌内涵的宣传，甚至主播自身都对品牌认识不深。品牌企业面临参与成本高、挤占品类位置竞争激烈、商品销量和口碑受网红主播个人因素影响较大、对品牌企业宣传效果的真实转化率不可控之类的风险。因此，与专业电商主播合作时，需要重视如何将主播粉丝、潜在消费者转化为品牌粉丝，从而扩大品牌的知名度与影响力。

专家达人直播是由某一领域的专家通过直播平台来分享自己的专业知识进而推荐产品。专家或垂直类达人一般具有丰富的专业知识，在其专业领域具有一定的知名度，自带一定的粉丝流量，与其合作进行直播，可以将品牌产品的技术特征、性能、使用技巧、功效等进行更为科学可信的解说，这既能够带动一定的销量，也能够进一步宣传企业的品牌故事。但是，专家达人并不一定具备熟练的销售技巧，其粉丝观看直播并不完全是为了购物。因此，如何实现专家达人粉丝向品牌消费者、品牌粉丝转化，是直播过程中需要重点考虑的问题。

KOC 直播是由资深用户通过直播电商平台来分享自己的深度体验进而宣传推介产品。KOC 对产品有非常好的使用体验，对新用户具有一定的影响力，从而能够以平实的方式，对产品进行更深入、更实用的讲解，有利于用户更快地接受产品。

值得指出的是，在直播电商的实践中，这三者有时并不进行明显的区分。例如，很多专家达人（尤其是垂直类达人）还有具有影响力的 KOC，都在向专业电商主播转型，其直播间的装修、直播流程、解说风格、销售技巧等，都向专业主播看齐。

还有一种就是明星直播。明星主播的优势在于有巨大的粉丝规模和购买号召力，同时，相比于专业主播，其具有更广泛的关注度和影响力。但是他们进行电商直播的劣势在于对产品和品牌的熟悉度不够，也没有专业的销售技巧和推荐话术。因此目前明星主要通过做客专业主播直播间的形式，与专业主播合作进行电商直播，这种形式将主播的销售技巧和明星的粉丝效应结合起来，不仅能大大提高带货效果，而且能显著提升社会各界对电商直播行业的关注度。

（2）品牌自播：品牌商自己设立单独的直播间、自己全程组织实施对品牌产品的直播。在这种情况下，直播间充分服务于自家品牌，品牌主播宣传的所有商品都是自有品牌的商品，直播间使用的所有直播文案、策划脚本、优选直播产品、服务、数据分析、活动运营以及主播直播等全方位的服务都由品牌方自己或委托第三方创作和完成。

品牌自播根据运营实践，可以分为品牌直接自播和机构代播。品牌直接自播是指品牌商设立官方账号直播间，在其内部设立专门机构，招聘主播人员，独立完成直播的主要工作。在这种情况下，主播可能是专门为直播招聘的人员，也有可能就是企业内部的线下导购、营销人员甚至工程师等。机构代播指由指定的机构代为直播，负责代播的机构通过在主流平台为已入驻的店铺商家提供专业的直播团队，负责包括撰写直播文案、策划脚本、优选直播产品、服务、数据分析、活动运营以及主播直播等全方位的服务。品牌自播还有一种特殊情况，即企业家直播，由企业老板担当主播，通常客服、线下导购等人员配合参与。这种情况在本质上也属于品牌直接自播，但有时可能会将一些直播的专业工作外包给专业团队完成。

品牌自播的特点是常态化运营，一般不追求单次直播的销量，而是更强调长期主义，讲好品牌故事，与品牌消费者形成品牌—粉丝关系，提高复购率、增强用户黏性。

一是通过优质化内容讲好品牌故事。品牌自播的常态化特点，使其更要有优质的内容策划。因此，要根据品牌的特性，形成一批具有吸引力的优质内容，吸引消费者了解品牌价值、属性等，以此提升复购率、增强黏性。

二是各种动态营销活动增加人气。品牌自播应该设置"上新日""宠粉日"等进行动态促销。在日常直播过程中，同时还应该以抽奖、附加赠品等增加直播间的人气。但是，除了特殊情况之外，一般不建议直接使用直播间特别折扣等价格竞争方式，以免破坏整个营销体系的定价机制。

三是完善好品牌自播的各种技巧。品牌自播要以品牌和产品为中心。在直播过程中，首先要解决选品的问题，精准选择企业产品品类中符合直播属性且高质量的产品。其次要将产品特性场景化。基于用户的痛点抛出产品，给出精准的解决方案，并通过对比试验，让用户直观地了解产品的效果，从而提升成交率。通过自播，品牌想要获得的不只是一次性卖货的收益，更多的是提高复购率、增强用户黏性。最后要推动品牌故事化。将品牌的内在含义变成一个个鲜活、可传播、可感受的故事，并在直播间进行系列化表述。

四是处理好品牌自播与红人直播之间的关系。品牌自播是长期主义，需要坚持对品牌故事进行讲述，沉淀品牌粉丝，将品牌风格与直播风格进行融合，尽量实现"品效合一"。而不同的红人对品牌自播起着不同的作用，头部红人直播重点是冲量打榜，增加品牌的知名度；中腰部红人直播负责深化品牌价值与宣传产品质量，形成宣传声量。

五是建立品牌粉丝运营体系。通过品牌自播，沉淀积累品牌粉丝，形成会员粉丝运营体系，通过自播将公域流量转化到私域蓄水池中，并对消费者进行下一步的圈粉种草，从而提高复购率、增强用户黏性。

2. 各种方式的比较

品牌自播的不同方式，对人（主播）、物（产品）、渠道（直播）、品牌融合度是不一样的。从总体上看，品牌直接自播在人（主播）、物（产品）、渠道（直播）、品牌方面融合度最高，因为品牌商对这四个因素具有最高的控制力；机构代播的融合度也非常高，但在人（主播）的融合方面要比品牌直接自播更弱一些。专家达人直播、KOC 直播的融合度要低一些，尤其是在人和品牌方面的融合度比前二者要差，专业主播直播的融合度是所有方式中最低的。

这是因为红人直播本质上是一种拼购模式，这种"拼"体现在两个方面，一方面是"拼"货，将不同的商品拼在一起，以满足更多的消费者/粉丝的需求；另一方面是"拼"人，即通过聚合消费者，形成团购的力量，与品牌商进行价格上的协商。因为红人直播有"拼"人的一方面，所以在销量上会有一定的保障。然而，"拼"货的一方面，使红人直播在品牌宣传方面的效果难以保证，人与物的融合相对较差一些。而品牌自播是一种导购模式，以产品为中心，主播主要对品牌故事、产品特性、独特技术、优势、可解决用户的痛点问题等进行重点讲解，使用户对品牌有更多的理解，从而成为品牌的粉丝，增加复购率乃至向其他用户推荐。

从用户行为来看，红人直播的购买者大多是红人的粉丝，其购买行为很多与短期的兴奋行为有关，有冲动性购买的因素。因此，红人直播追求即时转化效率，要通过直播间的布置、沉浸式氛围、主播的销售话术、特别折扣等诸多因素促成购买。红人直播实现了"人找货"到"货找人"的转变，消费者不再是通过"搜索+对比"的模式去做出购买决策，而是被动接受主播选品，在主播的讲解和推荐之下购买直播间商品，即主播及团队代替消费者完成了搜索、比较、测试等工作后，把最终挑选出的产品直接呈现在消费者面前，主播专业的选品能力大幅缩短了消费者的决策过程，使其更容易产生冲动消费。而品牌自播更多的是讲述品牌故事，要求在长线上影响用户心智，促使用户成为品牌的粉丝。

从品牌与红人主播的关系来看，在直播过程中，双方的诉求并不一致，红人主播要求品牌给予足够的折扣，实现更大的销售量；品牌方既有销量方面的现实需求，也有对品牌形象提升、影响力增加等方面的长期需求，希望能够做到品效合一。因此，在选择与红人合作进行电商直播时，品牌商具有多方面的考量。

很显然，各种直播方式对品牌商的影响是不一样的（见表3-1）。

表3-1   品牌自播方式的比较

直播方式	红人直播			品牌自播	
	专业主播直播	达人直播	KOC直播	机构代播	品牌直接自播
营销模式	拼购模式	拼购/导购模式	拼购/导购模式	导购模式	导购模式
对用户的影响机制	直播间快速转化	直播间快速转化	直播间快速转化	长期心智影响	长期心智影响
品与效	品牌销量	在追求销量的同时，兼顾品牌宣发	在追求销量的同时，兼顾品牌宣发	要求品效合一	要求品效合一
品牌商参与程度	一般	一般	一般	较高	高
人、物、渠道、品牌融合度	低	较低	较低	较高	高
频次	根据品牌商需要，一般不太高	直播频次可以较专业主播稍高	直播频次可以较高	每天固定时间直播	每天固定时间直播
投入成本	按次投入，包括坑位费以及佣金	按次投入，主要是佣金	按次投入，主要是佣金	包括前期直播间建设费用、后期佣金或者月固定费用	前期直播间建设费用、人员费用等

续表

直播方式	红人直播			品牌自播	
	专业主播直播	达人直播	KOC直播	机构代播	品牌直接自播
直播销售效果	波动较大	较好	波动较大	较好	较好
品牌宣传效果	一般	较好	一般	好	好
可控程度	一般	一般	一般	高	高

3. 各种方式的选择

品牌自播的各种方式对不同品类、不同品牌的影响方式与作用是不相同的，因此，不同种类与不同的品牌，应根据具体情况，选择不同的品牌自播方式。对企业而言，是否选择红人直播模式，关键在于企业的品牌及产品与直播内容端、商品供货端、平台技术端和网红团队端能否进行契合度较高的合作。

一般而言，对于知名度较低、销售额较小的品牌，重点选择红人直播，并可利用红人直播与品牌自播相联结；知名度较高、销售额较大的品牌，重点选择品牌自播。

表 3-2   品牌自播的选择

品牌		专业主播直播		达人直播	KOC直播	机构代播	品牌自播
		头部	中腰部				
高知名度、电商销售占比高	日常		√	偶尔	偶尔	√	√
	大促	√				√	√
高知名度、电商销售占比低	日常	偶尔	√	√	√	√	√
	大促	√				√	√
低知名度、电商销售占比高	日常	偶尔		√	√	√	
	大促	√		√	√	√	√
低知名度、电商销售占比低	日常	偶尔		√	√	√	
	大促	√				√	

注：机构代播、品牌自播均打"√"时表示二者选一即可。

4. 品牌自播的一些问题

品牌自播要有鲜明的价值主张，其逻辑应建立在平台、品牌方、直播机构、消费者价值共创的基础上。品牌自播的理想结果是：品牌方达到了品效合一；平台增加了流量与成长空间；直播机构获得了佣金收入，并与粉丝建立了更具黏性的关系；消费者获得了性价比高且适合自己的商品。基于此，品牌自播有如下几个问题值得关注。

一是直播策略的选择。不同品类有不同的直播策略，一般而言，食品、服装、护肤及化妆品，具有高溢价、高频次、低客单价等特征，消费者往往是基于感觉而非理性，用户对渠道的信任感，直接决定了消费频次和决策路径，因此主播的信任度、视觉形象、购物氛围在消费者决策中更为重要，更适合在直播间进行氛围调动。对此品类商品的直播营销而言，需要有精心的直播方案策划，重点是形成购买的临场感和紧迫感，从而推动消费者购买。而对于各类 3C 电器等，通常价格较高，且相对透明，产品标准化程度高，技术参数较多，升级迭代快，且通常是男性主导的消费品，购买决策更加理性，因此需要熟悉产品的专家型达人对产品进行全方位讲解，丰富产品的相关知识，从而使消费者更为了解品牌产品，使其产生兴趣，并最终转化为购买行为。

对一些非标产品，或者具有独特功能的产品，在品牌自播过程中，应以各种方式展现产品的独特性与功能，使消费者更加直观地体验到产品的功能。个性化商品的直播营销也非常重要。Evergage 报告显示①，74% 的销售者认为个性化对未来的客户关系以及进一步增强客户服务能力具有"强"（strong）或

① 资料来源：Evergage，"2019 Trends in Personalization"。Evergage 是美国一家产品个性化服务设计提供商。

"极端"（extreme）的重要性。

二是直播营销的合理定价。在直播营销过程中，有一个对品牌商而言非常敏感的问题，即如何对产品进行定价。与头部主播进行合作，往往会遇到这些主播"挟流量以令商家"的局面，要求给予最优惠的折扣，但是，对品牌商而言，用低价打市场，很快就会失去用户对正常价格的感知能力；长期的低价对品牌溢价能力也会带来损害，并容易失去用户的信任。而且，直播间的超级低价，会损害现有营销渠道正常的价格体系，造成营销渠道之间的矛盾。这些都是品牌商在进行直播营销对商品定价时需要考虑的。如果品牌商不能给出低价，则需要在产品力上下功夫，与头部主播谈判时，需要强调产品本身的品质、独特性与差异化。

定价还要考虑消费者的心理价位。消费者对一个品牌及商品，一般有心理价位。商品的品质/服务等硬件，品牌的声誉、品牌力等软性实力，都对心理价位有直接影响。而所谓物超所值，并不是商品的绝对价值低，而是商品的定价低于消费者的心理价位，或者说价格锚点。产品的品质超群，品牌知名度与美誉度高，在消费者中有很好的口碑，这种商品的定价只要不超过消费者的心理价位，即使比一般商品有着溢价，也被认为性价比高，对消费市场有强吸力。

三是品牌自播的激励机制。品牌自播要求长期主义，达到品效合一，注重消费者对产品以及对品牌的理解体验。但是，对品牌宣传的效果，缺乏高效的定量评估办法。因此，对品牌自播而言，无论是对企业内部的直播团队还是对代播团队，都必须建立起有效的激励机制，才能使品牌自播落到实处。激励团队的核心是激励主播，这需要建立阶段性目标，而非单纯按照单次销量来衡量主播及其团队的绩效。在品牌自播的初期，在线人数、总观看时长等指标具有非常重要的价值。在品牌自播开始一段时间之后，才引入转化率、销量、复购率等相关指标。

四是品牌自播的生态形成。品牌自播将形成以平台为核心的多主体互动共创价值的生态。生态内的各个主体之间更为强调"互补性"与"开放性",从而以平台为核心形成"社交化关系、数据化营销、娱乐化推广、平台化研发、柔性化生产、智慧化供应链、社会化物流"全面整合的良好发展生态。

（五）品牌自播策略：基于品牌生命周期的选择

品牌自播既与品类有关,更与品牌生命周期有着直接联系。当品牌处于不同生命周期时,直播策略应与品牌生命周期阶段匹配。

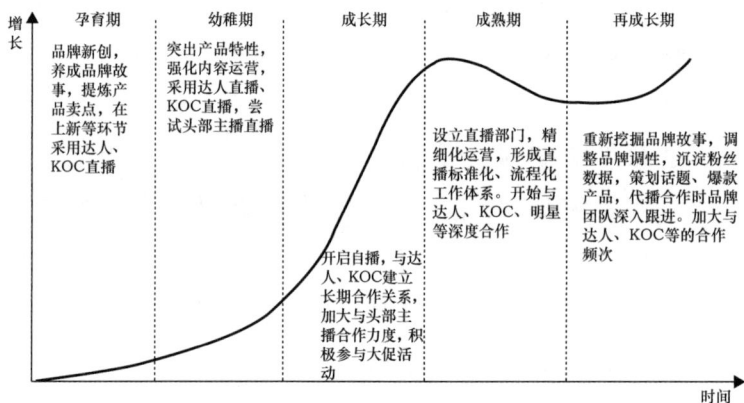

图 3-3　品牌自播与品牌生命周期

1. 基业长青：品牌生命周期的反思

品牌生命周期是品牌的市场寿命,品牌生命周期（Brand Life Cycle）理论认为①,品牌也像动植物一样,会经历一个出

① 品牌生命周期学说由欧洲经济学院德籍教授曼弗雷德·布鲁恩（Manfred Bruhn）提出。

生、成长、成熟和衰退的过程。这种变化的规律就像人和其他动物的生命一样，从诞生、成长到成熟，最后到衰亡。品牌生命周期可划分为导入期、成长期、成熟期、衰退期四个阶段，每个阶段都有一定规律性。

品牌导入期是品牌培育时期，这个时期品牌导入市场的关键在于品牌的差异化定位，体现在产品的功能性和创新性上。这个阶段品牌市场占有率较低，销售收入较少，顾客还未完全识别品牌。但随着企业对品牌建设的投入，品牌价值逐渐增长，增长速度呈递增趋势，但总体较慢。在这个阶段，可以考虑引入头部主播，其侧重更多是为了营销曝光，增强品牌或产品的知名度与美誉度，增加品牌话题。

品牌成长期是品牌飞速发展的时期，体现在品牌价值快速增长以及品牌价值增长率递增。这个阶段品牌的财务价值和市场价值都有大幅提高，顾客对品牌的认知程度也随之增加。但随着市场竞争趋于激烈，品牌需要通过内容营销、口碑传播等途径来提高顾客忠诚度，从而实现持续超额收益。

品牌成熟期是品牌发展成熟的时期，在经历了成长期后品牌价值已经提高到一定水平，其增长幅度趋缓。这个时期顾客对品牌的认同感很高，品牌具有很高的溢价能力，但仍需要不断完善品牌建设才能保证品牌不走向衰落，从而实现可持续发展。一般将在新品发布、销量冲榜、库存清理等环节引入头部主播，而在日常营销过程中，更多的是强调以直播方式来实现商品数据化2.0，提高转化率。

品牌衰退期是品牌走向衰落的时期，品牌价值不再累积，这很可能是由于没有对成熟期的品牌进行良好维护或者没有根据竞争环境的变化而采取相应调整措施。

品牌生命周期最大的问题是否定企业主观努力对品牌价值的影响，这与商业实践中存在着很多长青品牌的现实不相符合。在商业现实中，品牌发展过程并不完全遵循成熟以后必衰退的规律。许多品牌发展到成熟期之后，可以在竞争中长期保持相对稳定的市场份额。约翰·菲利普·琼斯提出了品牌生命无限论，① 认为品牌生命周期是一个自我实现的概念，而不是一个自然生长的概念。因为品牌生命周期学说往往会诱导企业不恰当地将支持旧品牌的资源向新品牌转移，结果导致旧品牌的衰退。这样的衰退是人为导致的，而非自然生长过程中出现的必然。在这个意义上，品牌衰落在很大程度上是由企业决定的，而不是完全由于外部因素的影响。通俗地说，品牌不是内在地要死了，而是被企业无意中害死的。产品可能会过时，但品牌不一定会随产品进入衰退期。若品牌能够不断调节其功能以适应新的竞争环境，就能够长久地保持竞争力。据此，他把品牌发展过程分为三个阶段：孕育形成阶段、初始成长阶段和再循环阶段。

2. 直播电商：重塑品牌生命周期

直播电商的兴起，使很多老字号品牌又获得了新生，这进一步说明，直播电商这种新的商业模式，对品牌的生命周期具有极其重要的影响，如何利用直播电商使品牌重塑生命周期，促使新生品牌生存率提高，成长品牌加速成长，成熟品牌的成熟期延长，甚至进入品牌再循环阶段，是品牌商需要认真考虑的。

在直播电商发展过程中，不同流派开始显现：以货驱动、以人驱动、以流量驱动。

以货驱动的模式，强调选品的重要性，要求主播团队深入供应链，对商品的生产流程、品质、特性等有更多的理解，并能够进一步地理解商品与消费者的匹配度。其本质是一种"货

---

① John Philip Jones, *How to Use Advertising to Build Strong Brands*, Thousand Oaks, Calif.：Sage Publications, 1999.

带人"的模式。在品牌初创期，既需要打响品牌知名度，也需要一定的销量作为支撑，在这种情况下，强调产品的性价比，与以货驱动的机构进行合作，具有一定的价值。

以人驱动的模式，很多顶级主播开始明星化、品牌化，从而使本身成为一个品牌、一个流量来源。这背后其实也需要供应链能力的支撑。一般而言，成熟品牌与这些流量化的顶级主播进行合作，其价值更大一些。

以流量驱动的模式，很多流量达人（如网红、泛娱乐主播等），也开始进入直播间，这些流量达人自带流量，在垂直领域有很多粉丝，在垂直电商领域有一定的潜力。当品牌处于成长期，需要进一步宣发，讲述品牌故事时，以流量驱动的模式对形成品牌调性、完善品牌故事、扩大品牌影响力具有一定的价值。

在品牌初创阶段（新创品牌与品牌上市），品牌自播的核心要强调为用户创造价值。直播具有良好的互动性，能看到有多少用户观看、有多少用户购买、店铺新增了多少粉丝等，可以帮助品牌商判断消费者喜好，做市场细分工作。

初创品牌可以选择的直播销售方法包括FABE推销法，即品牌商在直播时，必须讲清楚F（Features，特征）、A（Advantages，优点）、B（Benefits，利益）、E（Evidence，证据）。在预算充足的情况下，可以选择与头部红人主播进行合作，以高性价比的商品扩大销售量，从而提高品牌的知名度。而在一般情况下，品牌商如果有足够的人力资源，直播可以由店铺的掌柜或者小二直播。在人力资源不足的情况下，可以选择机构代播的模式，其核心还是FABE，主播人选要相对稳定，直播时间也要有一定的保证。

对于独特的产品，在直播时要挖掘消费者的潜在需求。此类需求同样是人主观感受、期待、渴望等各方面潜意识的综合与反映，能够被感知的、表现出来的部分非常少，大部分需求都隐藏在无法用语言表达出来的深处，无法直接显现与捕捉。独特产品初创品牌自播的一个重要方面就是通过直播方式，以生动丰富的信息、体验感强的消费场景、主播的专业解说激发消费者的潜在需求，从而推动购买。因此，对于具有独特性的产品而言，直播营销要更注重垂直类达人的影响力。

在品牌成长阶段（新锐品牌），品牌自播对品牌成长将起到重要作用。品牌商要关注知识的传播。在直播过程中，切忌两种倾向：一种是自吹自擂式，"我的产品就是好"；一种是自私自利式，"别买竞争对手的产品，就买我的"。在品牌自播过程中，要注重知识的传播，包括与品牌产品相关的知识，如产品的设计知识、原材料知识、生产知识、使用知识等，从而用一种具有戏剧化、感染力的方式来展示产品。在传播知识的过程中，新锐品牌要形成自己的品牌故事，沉淀品牌粉丝，推动品牌成长，从而形成"品牌—平台—主播—粉丝—品牌"之间的正向良性循环。

在直播模式选择方面，宜采用固定主播的机构代播方式进行日常直播，在新品发布、电商大促期间，可选择与头部主播进行合作；在日常直播过程中，可以利用品牌官方直播账号，邀请一些有影响力的垂直类大 V 到直播间做客，提升官方直播间的品牌影响力。除了重复解说之外，品牌自播还要持续提供有趣、有价值的内容，让流量运转起来，确保品牌培养用户心智，让用户对品牌产生更多黏性。

处于成熟期（成熟品牌）时，品牌必须高度重视直播这种新业态，因其对品牌生命周期的延长，尤其是使品牌长期保持在成熟期，具有非常重要的意义和价值。

在日常直播方面，成熟品牌可选择自建直播团队，也可选择机构代播。不管采用何种形式，直播间装修风格、话术与主播人设都要相对稳定，对品牌调性、品牌故事、产品特性能够进行互补与扩充。

成熟品牌可以选择在适当的时机与头部主播进行合作，一方面做到进一步扩大销量，扩大品牌影响力，另一方面也为品牌进一步宣传打下基础，提升单款产品的曝光率，打造网红爆款。在时间节点上，成熟品牌的品牌商与头部主播，可以在上新、尾货处理、电商大促等节点进行合作。同时，要利用头部主播的影响力，将其直播过程中的内容素材、切割后的短视频，进行加工处理之后，做二次传播与二次转化。

但是，进行合作时，必须对价格有严格的把控。因为成熟品牌已形成了比较完善的价格体系，与品牌调性、品牌故事等具有一致性，直播营销作为这个价格体系的一部分，不能破坏这个价格体系。

成熟品牌在直播间要更重视粉丝的运营。这需要主播客观地描述产品，真诚地对待每一位用户，和他们像朋友一样交流。在品牌官方的直播间，主播不能用带有诱导性的话语让用户下单。

品牌处于衰退期（衰退品牌）时，要高度重视直播，使品牌进入再循环、再成长阶段。在电商经营的实践中，很多老字号品牌利用直播电商，重新挖掘品牌故事，根据消费者的反馈，重新梳理品牌调性，通过与头部主播、垂直类达人等进行合作，使品牌重现活力。建立消费者全触点数据分析体系，从单一场景转变为立体多维度数据，最终形成全息精准的消费者洞察和刻画，从而使产品开发更为精准化，通过产品精准开发、多触点营销、品牌故事立体呈现、社交化粉丝运营，从而实现品牌的再循环、再成长。

综上所述，处于不同品牌生命周期的品牌对直播电商模式的选择是不相同的。

表 3-3　　　　　　　　　　　　品牌生命周期的直播策略

品牌生命周期	预算	直播电商策略
新创品牌 (孕育期)	营销预算充足	在日常营销阶段,注重培养生成一些品牌故事,在上新等环节采用达人直播、KOC 直播等,强调产品特性,宣传品牌故事,并偶尔与专业带货主播合作进行直播营销,扩大品牌影响力;在大促时期,可尝试进入头部主播的选品范围
	营销预算有限	在日常营销阶段,对产品卖点与品牌故事进行浓缩提炼,偶尔采用达人直播、KOC 直播等,并与一些中腰部主播建立合作关系。平时坚持由网店工作人员进行店播,对产品卖点和品牌故事进行宣讲,树立粉丝运营理念。积极参与大促期间的各项直播活动
品牌上市 (幼稚期)	营销预算充足	在日常营销阶段,突出产品特性与科技含量等独特内容。强化内容运营,采用达人直播、KOC 直播等,尝试与专业主播建立长期合作关系,形成一批可分享的品牌故事。大促期间,可与头部主播合作进行直播带货。可对直播营销的内容素材进行二次传播与二次转化
	营销预算有限	在日常营销阶段,聘请具有一定直播才能的网店工作人员坚持进行店播,挖掘品牌故事,明确品牌调性。可推动做一些内容运营,偶尔采用达人直播、KOC 直播等。积极参与大促期间的各项直播活动
新锐品牌 (品牌成长期)	营销预算充足	在日常营销阶段,可以与代播机构合作或者企业自己招聘主播的方式坚持进行店播。与一些专业达人、KOC 等建立长期合作关系。加大与头部主播的合作力度
	营销预算有限	在日常营销阶段,聘请具有一定直播才能的网店工作人员坚持进行店播,按照 FABE 的方式进行产品讲解。偶尔选择与品牌调性相契合的达人、KOC 进行直播等。积极参与大促期间的各项直播活动
成熟品牌 (品牌成熟期)	营销预算充足	企业内部设立直播营销专业部门。在选择日常店播由机构代播的情况下,直播营销部门负责与机构共同制定代播方案,对每场直播的数据进行分析,向上级部门反馈直播情况。在选择直接直播的情况下,该部门要负责主播招聘与培训、直播方案的写作等工作。可与专业主播、专业达人、KOC 等建立长期合作关系
	营销预算有限	企业内部设立直播营销专门工作岗位,负责与代播机构、专业主播、专业达人、KOC 等进行联络。日常直播营销可选择机构代播

续表

品牌生命周期	预算	直播电商策略
循环品牌（品牌再成长期）	营销预算充足	企业内部设立直播营销专业部门。挖掘品牌故事，增加话题性，加大粉丝运营力度，在选择日常店播由机构代播的情况下，直播营销部门负责与机构共同制定代播方案，对每场直播的数据进行分析，向上级部门反馈直播情况。在选择直接直播的情况下，该部门要负责主播招聘与培训、直播方案的写作等工作。适度增加与专业主播、专业达人、KOC等进行合作的频次
	营销预算有限	企业内部设立直播营销专门工作岗位。根据品牌故事、品牌调性，制定一揽子直播营销工作方案，与外部专业机构进行直播文案、策划脚本、优选直播产品、服务、数据分析、活动运营等全方位合作

（六）品牌如何选择直播服务机构

1. MCN 选择

品牌选择与 MCN 合作首先需要合理的预设目标。品牌与 MCN 合作的目标包含"品"（即品牌传播）与"效"（即业绩效果、利润收益）两个方面，品牌需要从这两方面评估与 MCN 的适配性。

（1）做"品"，首先需要考虑 MCN 主播的人设是否与品牌调性相符，至少确保主播人设不会给品牌带来负面影响；其次看粉丝画像与品牌人群定位是否匹配；最后看数据，做"品"考虑的是曝光率，主要数据有主播直播的 UV、实时在线人数，因为 MCN 主播直播一场讲解的货品众多，每个产品讲解时间较短。直播间的实时观看人数是产品的曝光率的重要参考指标。

（2）做"效"，最具参考价值的数据为主播销售竞品的销量。若没有此数据，则需考虑上述做"品"考虑的因素，除此还需看主播的带货能力，即历史直播带货 GMV。

品牌的目标是做"品"或"效"或兼顾"品"与"效"，目标不同在选择 MCN 主播时策略也不同。头部主播通常做"品"强、做"量"强、做"效"弱，主要是因为头部主播强议价能力压缩了品牌利润；腰部主播有"品"有"效"，但不确定性大，选择难度高。

除此之外，在与 MCN 机构合作时需要谨防坑位费变坑、退货陷阱等问题。当前 MCN 机构头部主播、明星主播仍收取坑位费，这源于其带来的品牌增益，无可非议，但部分机构存在利用数据造假，或口头承诺带货量的方式来收取高额坑位费，对此品牌商应亲自到权威平台查询其历史直播数据，并通过观看在线人数、互动数以及店铺销量来判断数据真实情况，判断坑位费价值。退货陷阱则是出现在带货对赌协议中，部分不良 MCN 机构，存在通过自购（相关利益体购买）方式，完成对赌协议中的条件，获取对赌利益后，以操纵退货的方式使利益最大化。对此商家在签署对赌协议时，尽量对退货做出相关约束。

淘宝直播平台提供认证 MCN 机构为品牌服务，品牌可以根据自身发展需求选择采用。

MCN 机构的选择还要考虑品牌生命周期，这已在前文中有详细论述。

2. 代运营机构选择

代运营机构是品牌自播能力的补充，品牌选择代运营机构首先要明确代运营的功能与预期。

做全案代运营的要求高，通常只有行业头部的代运营机构能承担。全案代运营还存在代销和买断两种合作模式，代销即货权属于品牌方，代运营机构充当品牌的营销合作伙伴，品牌支付服务费和佣金；买断即货权属于代运营机构，买断模式下，代运营机构更有动力与品牌绑定。该模式对代运营机构的要求更高，除了直播电商运营能力，还需要充足的现金流、仓储及货品库存管理能力。

大多数代运营机构只在部分模块相较擅长。因此选择代运营时需要确定自身所需要代运营模块是不是代运营机构所擅长的。判断一家代运营机构的能力，通常是看其团队经验与成功案例。但由于存在代运营团队的精力付出值、沟通顺畅程度、市场环境的变化等诸多影响因素，过往案例也只能作为参考。品牌方与代运营机构合作更重要的是在合作机制上进行明确约定，明确工作内容与款项。

选择代运营机构可以快速地补齐品牌在直播电商方面的短板，同时借助代运营机构亦能熟悉直播电商玩法，培养出自身能力。品牌在与代运营机构合作时，需要不断提高参与度，这样从短期看有助于加快双方磨合提升代运营效果，从长期来看有助于提升自身直播电商运营能力。

淘宝直播平台提供认证代运营服务机构为品牌服务，品牌可以根据自身营销战略、营销预算、营销方案等综合考虑，选择采用。

从总体上看，直播电商与品牌的关系将朝两个方向发展，一个方向是白牌优质商品。很多白牌产品或者品牌知名度不太高的商品，对直播要求很高，也具有借助直播成长的巨大空间。对于这些产品的直播营销，要求主播团队对产品有很深的理解，有较好的品控能力，有一定的售后服务能力。在某种意义上，对这些商品而言，主播团队的品牌甚至比商品本身品牌还重要，在这一趋势下，可能会形成一批直播服务机构品牌、网络达人品牌或网红主播品牌，形成闭环体系。这要求直播服务机构能够在海量的商品中挑选出具有性价比，或者个性鲜明，或者功能独特的商品，从而吸引消费者购买。直播服务机构需要在选品、品控、供应链管理等多个方面提升相应的能力。

另一个方向是传统品牌借助直播开拓新市场。传统品牌开拓新市场要求主播有更多的粉丝以及独特的表现力，还有对产品本身有一定程度的理解。这种品牌化趋势，相当于十多年前品牌商与电商的关系。由于涉及线上线下渠道冲突等问题，在电商刚兴起时，品牌商并没有立即全方位覆盖电商渠道，而是有选择地使用电商渠道。在直播电商兴起的今天，很多品牌商也并没有立即参与到直播电商渠道之中，而是试探性地进行尝试。随着店播等成为电商的标配，品牌商加入直播电商行列将成为一种趋势。而从品牌方来看，与主播的合作模式也将多样化。

直播服务机构对生态的作用远不止于此。对于品牌来说，正确地认识与选择直播服务机构，将有助于品牌自播战略的落实。

四　直播电商的社会经济价值

随着中国直播电商的迅猛发展，数字化产业带的建设步伐日益加快，为传统产业的转型升级提供了新的动能。以直播电商行业的代表性企业抖音为例，2023 年抖音电商已覆盖全国 684 个特色产业带，产业带商家数量增长超 194%，带货直播场次超过 109 万场。直播电商的发展推动了数字化产业带的崛起，已逐渐成为促消费、促创新、促就业、促普惠发展的重要力量，在增强经济发展韧性、推动高质量发展方面做出了重要贡献，具有重要的社会经济价值。

（一）直播电商促消费

在数字化变革的时代，传统的实体店铺不能为消费者提供便捷、实惠的购物体验，难以满足市场需求，而直播电商的兴起则为商家提供了一种新兴的服务模式，能很好地满足人们日渐增长的生活需求。作为数字时代的新商业模式，直播电商具有传统商业模式无法比拟的优势特征，一定程度上能为市场注入新鲜的活力。但这并不意味着直播电商与传统商业模式二者之间是相互对立的，它们更应该是一种相辅相成的关系。企业通过电商渠道打破时间、地域限制，"酒香不怕巷子深"，扩大市场覆盖面，电商也可以通过对大数据分析、供应链的整合和优化帮助企业降本增效，促进优质的品牌和商品在竞争中脱颖而出，进一步促进消费水平的提升。

现阶段，直播电商的高速发展对居民消费的增长具有显著的促进作用。中国近年来直播电商交易规模增长迅猛，欧特欧咨询数据显示，2023 年已达到 37761.41 亿元。预计，2024 年中国直播电商交易规模将达到 4.5 万亿元。受直播电商发展带动影响，中国直播电商人均消费额亦相继提高，2023 年直播电商用户人均年消费额为 6325.19 元，同比增长亦达 21.83%。商务部数据显示，2023 年前三季度，全国网上零售额为 10.8 万亿元，增长 11.6%，高于社会消费品零售总额增速 4.8 个百分点，实物网络零售对社会零售增长贡献率达 33.9%。全国直播电商销售额达 1.98 万亿元，增长 60.6%，占网络零售额的 18.3%，直播电商拉动网络零售额增速 7.7 个百分点，① 直播电商拉动消费效应显著。

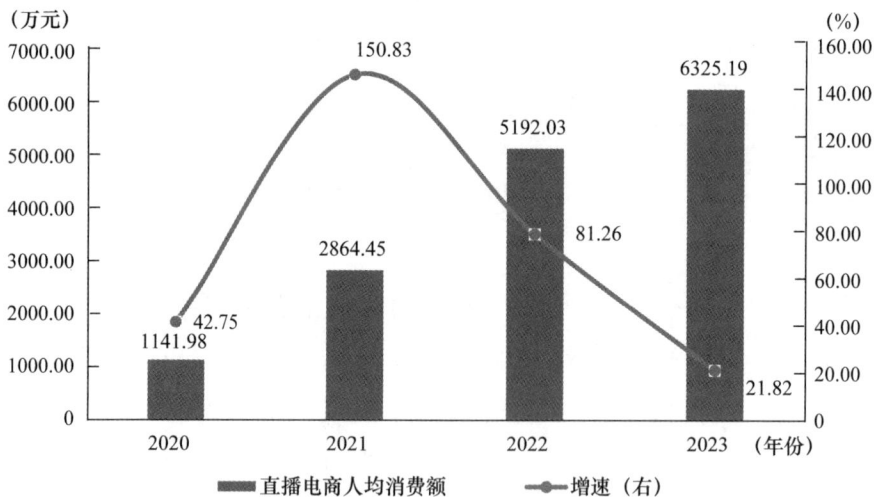

图 4-1 2020—2023 年中国直播电商人均消费额及增速

资料来源：课题组根据公开数据测算。

---

① 《商务部：前三季度全国直播电商销售额达 1.98 万亿元增长 60.6%》，2023 年 10 月 20 日，光明网，https://baijiahao.baidu.com/s?id=1780254630745384940。

如今，直播电商在促进消费方面发挥着举足轻重的作用，从该产业的模式特征来看，具体有以下几个因素。

首先，直播电商优化了商品展示与互动体验。直播电商通过实时视频直播的方式，通过主播、达人的直播互动，将商品的真实面貌更直观地展示给消费者。这种直观的展示方式相比传统模式的图片与文字描述往往更具吸引力和说服力，能让消费者更全面地了解商品细节、功能和使用效果。同时，主播与观众之间的实时互动，如解答疑问、试用演示等，可进一步增强消费者的购买信心和体验感，从而提升产品的交易成功率。2022年，抖音电商将"兴趣电商"升级到"全域兴趣电商"阶段，将短视频和直播为主的内容电商与商城、搜索、店铺等货架电商互联互通，在给用户提供更丰富的消费场景、满足更多元需求的同时，也为商家的生意带来新增长，实现了双向并进的互惠发展。

其次，直播电商营造了良好的购物氛围，在情感共鸣中激发了消费欲望。直播电商通过营造独特的购物氛围和场景，如限时折扣、秒杀活动、满减优惠等，能让消费者感受到购物的紧迫感与乐趣。此外，主播的个性化推荐和情感交流，能更轻易地引起消费者的情感共鸣，增强其对品牌和产品的认同感，促进企业IP与粉丝效应的形成，继而激发消费行为的产生。以小米公司的抖音IP为例，企业家雷军入驻抖音平台，通过一系列贴近工作、生活实际的视频内容，展示了小米企业文化的独特魅力，构建了以雷军为主、高管为辅的"小米天团"企业IP矩阵，仅用40天就在抖音上收获了656万粉丝，实现了"小米天团集体入驻抖音"话题播放量超过6400万的佳绩。雷军亲自介绍小米SU7汽车和工厂、解读产品特性，不仅拉近了与用户的距离，提升了服务质量，促进了消费，还为小米品牌注入了更多温度与亲和力，流量与质量并重，为企业带来了良好的正向赋能。

再次，直播电商拓宽了消费渠道、增加了消费频次。直播电商打破了传统电商的时空限制，使消费者可以在任何时间、任何地点通过移动设备观看直播并购买商品。这种便捷性极大地拓宽了消费渠道，使消费者可以更加轻松地获取心仪的商品。同时，直播电商的频繁更新和多样化的内容，也能促使消费者增加消费频次，保持对直播电商的关注度和购买热情。以抖音直播为例，2024 年 6 月，抖音电商《好品山东在抖音——2024 抖音电商产业带发展数据报告》发布，过去一年，超 20 亿单山东商品在抖音电商售出，同比增长 42%。其中，直播销量占比 53%，累计有 1317 万场带货直播促成交易。货架销量占比 33%，同比增长 98%。在内容与货架双场景驱动之下，山东好品在抖音电商实现持续且高速增长。

最后，直播电商促进了消费升级与产品品质的提升。直播电商不仅关注商品的价格优势，更注重商品的品质和性价比。通过精选优质商品、提供专业讲解和推荐，直播电商引导消费者关注商品的品质和价值，促进消费升级。同时，直播电商还通过大数据分析等技术手段，了解消费者的需求和偏好，为消费者提供更加个性化、精准化的购物体验，进一步提升消费品质。

综上所述，直播电商在促进消费方面具有多方面的优势和价值。虽有调查显示，随着电商的发展，实体店铺规模呈现收缩趋势，但电商带来的销售额与消费群体的增量不仅能够弥补实体店的收缩造成的损失，还能从整体大盘上创造净增量。根据测算，2022 年全国的实体店铺数随电商发展减少了 12.8 万家，进而导致 2010 亿元线下销售额和 870 万消费者的流失。与此同时，电商带来的线上新增销售额高达 5304 亿元，新增消费者超 3406 万。通过直观展示与互动体验、营造购物氛围与情感共鸣、拓宽消费渠道与增加消费频次、促进消费升级与品质提升等方式，直播电商正不断推动消费市场的繁荣和发展。

（二）直播电商促创新创业

近年来，随着直播电商的发展，基于直播电商平台，以数字技术与创业活动交叉融合为特点的数字创业为中小商家的创新创业提供了全新选择。通过直播电商创业，创业者可以更低成本地进入市场，实现自己的创业梦想。2023 年 7 月 1 日至 2024 年 7 月 1 日，抖音电商达人带货总销售额同比增长 43%，总直播时长同比增长 40%；新增带货达人 528 万人，同比增长 74%。① 从直播电商行业的具体演变趋势来看，近十年中国直播电商行业发展迅速，电商企业注册数量加速扩容、直播电商用户规模显著提升。据企查猫数据，2021 年中国规模以上直播电商企业注册数量为 23572 家，同比增速超 160%，达到历年峰值。2022 年中国直播电商企业注册数量达到 50202 家，2023 年中国直播电商行业企业数量超过 8 万家，整体注册量仍然持续攀升。越来越多的商家投入新兴的数字创业之中，为数字经济的高质量发展带来了全新经济机遇，多元化的创新创业环境也逐步形成。

较之于传统的创业环境，直播电商产业推动下形成的新兴数字创业具有以下优势：其一是市场准入，数字创业资源要素约束较少，相对门槛较低，商家能更加容易地进入市场；其二是运营方式，数字创业不依赖于实体运营，如实体店铺、现金交易等，主要凭借数字技术开展商业活动，如线上网店、移动支付交易等，对市场响应速度快，能够迅速适应市场变化；其三是市场范围，数字创业不拘于地域限制，业务范围能覆盖全国乃至全球市场；其四是信息传递，数字创业不依赖于传统的

① 《"网络主播"成为新职业：个体选择与国家认可的"双向奔赴"》，2024 年 8 月 6 日，搜狐网，https://www.sohu.com/a/79898668 7_99900743。

口碑相传或媒体广告渠道，主要通过互联网实时获取市场数据、消费者反馈，利用直播平台迅速传播信息；其五是客户互动，数字创业通过各种数字平台与客户进行实时互动，交互性强，亲和力高，能拉近供需双方距离，发扬品牌效应与粉丝效应；其六是成本与效率，数字创业基于数字化工具的应用，能优化传统创业中的各项成本支出，如租金、薪资、佣金等，具有更高的运营效率。

直播电商发展伴随着数字技术的进步与产业模式的升级，不仅能为创业者带来"数字红利"，有助于提升他们的创业机会、能力与动力，且能提升创业团队整体的创业水平，营造多元化的创新创业环境，促进新经济体系形成。具体来说有以下特点。

首先，直播电商背景下的数字创业具有较强的包容性。数字创业的开放、共享、普惠等属性让任何具备使用智能手机的个体，包括妇女、老年人、残疾人等传统创业活动难以融入的边缘人群，都能借助电商平台平等地参与创业活动，实现他们的经济、社会价值。通过平台，创业者能接触到更广阔的市场与资源，也能通过个性化的创业与活动为市场中特定化的需求人群提供产品和服务，更进一步地满足细分市场的需求。数字普惠金融服务则为创业过程提供了经济保障，如抖音电商的"山货上头条"专项，通过货品补贴、流量扶持等，重点助力食用菌和木本油料两大产业的焕新升级。大量新农人创业团队从中崛起，两大产业 2023 年 1—9 月的商品销售额达 8.5 亿元，商品销售同比增长 173%，为农业产业的创新创业与转型升级注入了鲜活动力。

其次，直播电商背景下的数字创业较易达成规模经济。数字技术以其独特属性强化了创业活动的灵敏性、互联性与开放性，为创业者的创业增收提供了新引擎。市场准入、运营方式、市场范围、信息传递、客户互动、成本效率的各项优势，放大了数字产业活动的规模效应。在完成初步的数字化基础设施与互联网链接通信建设后，数字创业的边际成本通常较低，往往更易于产业的进一步扩展与复制，这种规模经济将有利于创业者开拓更为广阔的市场。

最后，直播电商背景下的数字创业展现区域辐射能力。其一是创业带头人对区域内其他同产业从业者的示范效应，带动更多个体与团队涌入数字化创新创业活动之中。其二是创业成功代表对区域内同行业商家企业的辐射带动效应，能壮大行业数字化转型队伍，加快数字创新创业步伐。如山东潍坊的农产品抖音电商模式，"朵咔园艺（专研花土）"借抖音直播"出山"，从个人示范到团队引领，逐步带动了全市的农资产品数字化发展。潍坊农资产业搭乘电商"小黄车"，在2024年开年即展现出惊人增长态势。2023年，农村网络零售额达263.4亿元，居全省第2位，同比增长32.2%，占全市网络零售额比重达53.6%。全市网络零售企业发展到1.5万家，网络零售店铺发展到17.4万家，均居全省前列。

整体而言，直播电商在促进创新创业方面极具现实价值。它不仅为创业者提供了低门槛、低成本的创业平台和市场覆盖机会，还推动了产业升级与创新、人才培养以及创新创业氛围的营造。未来，随着技术的不断进步和市场的持续拓展，直播电商在促进创新创业方面的作用将进一步凸显。

（三）直播电商促就业

直播电商作为数字经济和实体经济的重要组成部分，催生了大量新业态和新职业类型，对经济社会的就业具有多层次的影响。

直播电商能直接或间接地促进就业的增长。直播电商行业的快速发展催生了大量新职业。这些新职业不仅丰富了就业市场，也为个人提供了更多的职业选择和发展机会，如网络主播、用户增长运营师、直播招聘师、直播运营、选品员、品控师等。
这些新职业不仅限于直播间本身，还延伸到产业链上下游，如
物流、仓储、供应链管理等环节，进一步扩大了就业规模。并
且这类岗位具有零工经济属性，能为农村地区群体、女性群体、
残障人士等边缘群体提供更广泛的就业机遇。直播电商模式通
过提供低门槛、高灵活性的工作机会，能有效地缓解传统就业
市场的一些限制和挑战，是推动制造业、服务业等产业创新发
展的重要路径。

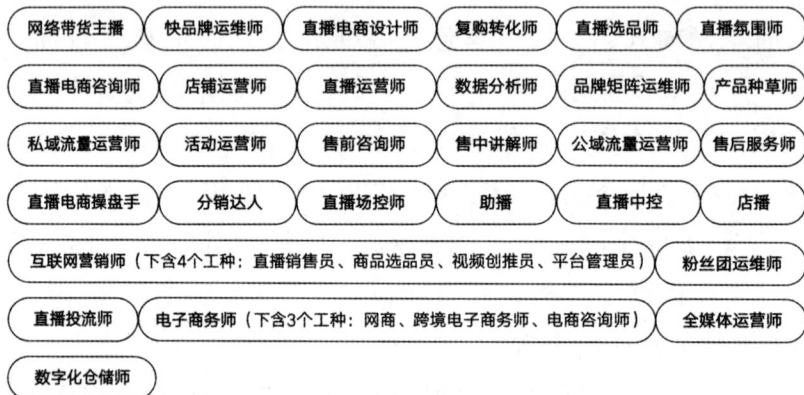

网络带货主播	快品牌运维师	直播电商设计师	复购转化师	直播选品师	直播氛围师
直播电商咨询师	店铺运营师	直播运营师	数据分析师	品牌矩阵运维师	产品种草师
私域流量运营师	活动运营师	售前咨询师	售中讲解师	公域流量运营师	售后服务师
直播电商操盘手	分销达人	直播场控师	助播	直播中控	店播
互联网营销师（下含4个工种：直播销售员、商品选品员、视频创推员、平台管理员）					粉丝团运维师
直播投流师	电子商务师（下含3个工种：网商、跨境电子商务师、电商咨询师）				全媒体运营师
数字化仓储师					

图 4-2　直播电商生态下代表性职业全景

资料来源：中国人事科学研究院。

　　具体来说，直播电商促进就业的机制路径包括以下三点。
其一，直播电商借助消费需求的增长以拉动就业。以直播电商
为代表的新商业模式通过直观、互动的方式展示商品，激发了
消费者的购买欲望，带动了居民消费需求的大规模增长。这种
消费需求的增长通过社会总需求的扩大传导到就业需求的扩大，
从而促进了就业。其二，直播电商通过提高资源的配置效率提
升就业率。新型直播带岗的招聘模式提高了人力资源供求对接
的配置效率，为双方建立了一个更为优质的联系渠道。企业可
以通过直播平台搜寻合适的人才，求职者也能更便捷地了解岗

位信息并投递简历，有利于促进高质量充分就业的形成。其三，直播电商的"新兴"属性，天然对青年就业群体具备强大的吸引力。青年就业群体擅长接受新鲜事物的特质能更快地适应新模式、新业态的运作结构，对互联网和新技术有更高的接受度，也更愿意尝试新的就业方式，能有效促进就业的提升。

随着市场化竞争日趋激烈和消费趋势不断更迭，一些品牌及产品在传统销售渠道已经日渐衰落，甚至个别商家已接近消亡。在这种情况下，一部分商家通过电商尤其是直播电商开辟新销售渠道、打造新的品牌形象，与消费者构建网络沟通渠道、形成积极互动、满足消费者情绪价值，从而打开销售局面并焕发新的生机。在此情形下，电商不仅不会给该品牌产品的实体销售渠道带来负面影响，反而推动了该品牌重获新生，扩大了销量，增加了就业岗位，提供多方位的"纯增量"。以"活力28"代工厂为例，在发掘电商渠道之前，该品牌代工厂已经濒临倒闭，员工面临全部裁撤的危机。随着2023年7月开始尝试抖音直播，并在9月流量激增后，物美价廉的商品被网友们争相购买。火爆的销量让企业的产量在短短3个月间就翻了四五倍，工厂里的员工也增加了245个，工资也有了明显提升。客观地说，直播电商改变了"活力28"的命运，也为工厂的员工们提供了一种全新的就业模式。

简言之，直播电商就业规模庞大且持续增长，为广大求职者提供了丰富的就业机会和发展空间。随着数字技术的飞速发展和新媒体平台的不断涌现，直播电商行业有望成为未来就业市场的重要增长点。

（四）直播电商促普惠发展

直播电商在推动普惠化方面具有积极意义，主要包括如下几方面。

一是直播电商降低了从业者的进入门槛，扩大了商家与消费者的参与范围。2023年直播电商用户规模达5.4亿，在保持增量的情况下，增速呈现显著的趋缓演变。直播电商平台的低生产成本和广泛的用户基础，使更多企业和个人能够参与其中，降低了传统商业模式的进入门槛。这有助于减少地域、性别、年龄等因素造成的机会不均等，促进普惠性发展。网络的无边界特征同样适用于直播电商。在性别上，直播带货新业态对女性更友好，直播电商在一定程度上减小了就业性别的差异。《2021年中国直播电商行业报告》显示，快手直播女性主播占比为59.2%，淘宝直播女性主播占比为65.3%。《2021抖音女性数据报告》显示，有1320万女性直接从抖音获得收入，带货达人总数中，女性占比为58%；带货达人总销售额中，女性达人带货销售额占比达64%。

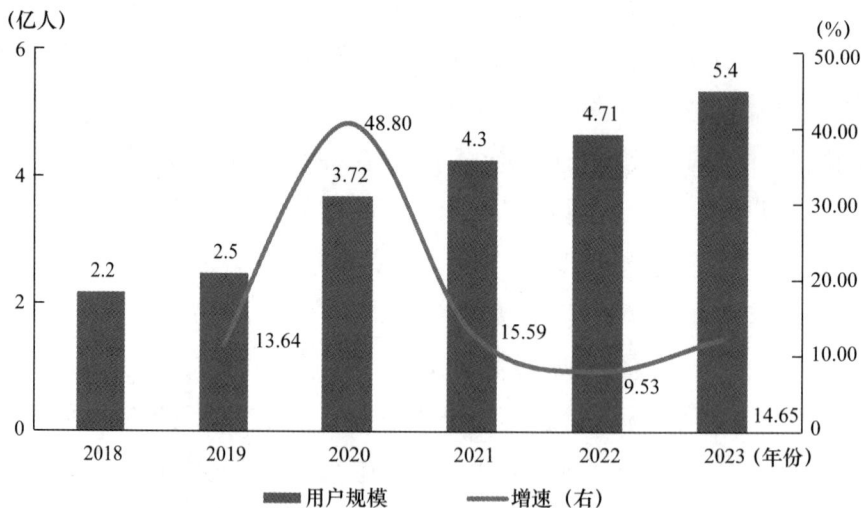

图4-3　2018—2023中国直播电商用户规模及增速

资料来源：CNNIC。

二是直播电商促进了信息公开与市场透明，能减少信息的不对称。首先是直播电商的商品信息透明化。直播电商通过实时视频直播的方式，让消费者可以直观地看到商品的外观、质地、使用效果等详细信息，从而更加全面地了解商品情况。这种信息公开的方式直接减少了消费者与商家之间的信息不对称。其次是直播电商的价格信息透明化。直播电商中，主播通常会实时展示商品的价格和优惠信息，以便消费者可以清晰地了解到商品的实际售价和优惠幅度。这种价格信息的透明化使消费者可以更加明智地做出购买决策，避免了因价格不透明而导致的消费陷阱。最后是直播电商售后服务的透明化。消费者可以在直播过程中了解到主播的售后服务承诺和退换货政策等信息，从而在购买前就对售后服务有了清晰的了解，并在后续的实时交互中进一步直接体验售后服务。这种售后服务的透明化保障了消费者的权益，提升了消费者的购物体验。

三是直播电商带动了产业链发展，提供创业就业机会，助力中小企业数字化转型。直播电商不仅促进了商品的销售，还带动了产业链上下游的发展，如物流、仓储、供应链管理等环节。潜移默化中创造了大量的就业机会，促进了经济的包容性增长。同时，直播电商为缺乏大规模投入、无法进行数字化生产过程改造的中小企业，提供了一个分阶段、稳步推进的"小步快走"的数字化转型切入点。中小企业能够借助直播电商推广和销售产品，在此过程中，建立起互联网营销渠道，借助平台的数字化工具，优化产销链条，低成本开发个性化产品，为数字化转型积累经验、提升技术能力。

四是直播电商推动了知识普惠，缩小了知识差距，提升了国民的数字化素养。直播电商通过各种渠道和方式为用户提供了免费获取各种知识、技能、经验的机会。直播电商的内容属性较强，用户有机会获取免费的教程，拥有免费的老师。这在垂直领域较为常见，如舞蹈、唱歌、健身、母婴等板块，主播通常是行业内达人，用户可以免费跟着主播学习跳舞、唱歌、健身、母婴等方面的知识。随着内容高质量化趋势的演进，直播电商的知识普惠性将越来越强。如 2021 年 1 月的 "DOU 来新书季" 全民阅读计划、2021 年 4 月的 "抖音全民好书计划"、2021 年 7 月的 "抖音全民好书计划之云上书香" 图书推广活动等，抖音平台邀请大批作家、学者、图书达人等，通过短视频和直播分享读书感悟并推荐图书，助力用户购新书、读好书，对中国长期以来的知识普惠具有重要意义。

五是加快了乡村振兴步伐，能快速带动乡村产品的销售并促进农业农村产业的数字化发展。第一，直播电商通过短视频和直播的形式，将农产品直接呈现在消费者面前，极大地拓宽了农产品的销售渠道。这种新型的销售模式打破了地域限制，使偏远地区的优质农产品也能够快速走向全国市场，甚至国际市场。同时，直播电商的实时互动性和直观性，让消费者对农产品的品质和来源有了更深入的了解，增强了消费者的购买信心。第二，直播电商的兴起为农民提供了新的增收途径。农民可以通过直播销售自家的农产品，直接与消费者建立联系，减少了中间环节，提高了农产品的销售价格。此外，一些农民还通过直播电商转型为电商主播或运营人员，实现了从农业生产到电商销售的跨界发展，进一步增加了收入来源。数据显示，2016—2023 年，中国农产品网络零售额与农村网络零售额均呈持续上涨趋势，直播电商已成为农业农村产业发展的重要源泉。第三，直播电商不仅促进了农产品的销售，还推动了农业产业链的延伸。在直播电商的推动下，一些地区开始注重农产品的品牌化、标准化和规模化生产，提高了农产品的附加值和市场竞争力。同时，直播电商还带动了农产品加工、包装、物流等相关产业的发展，形成了完整的农业产业链。第四，直播电商的发展为乡村振兴培养了一批新型农业人才。这些人才不仅具备农业生产技能，还掌握了电商销售、直播带货等新型技能。他们通过直播电商平台，将农产品与市场需求紧密连接，推动了农业的现代化和智能化发展。第五，直播电商能促进乡村文化传播，通过直播电商平台，乡村的风土人情、传统文化和特色产业得以向外界展示，吸引了更多的游客和投资者关注乡村发展。这种文化传播不仅提升了乡村的知名度和美誉度，还为乡村的可持续发展注入了新的活力。

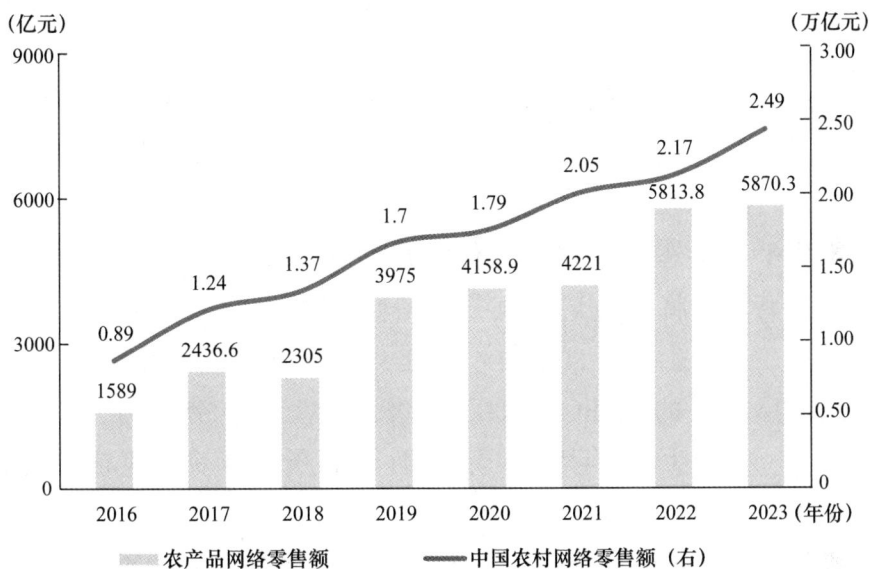

图 4-4　2016—2023 年中国农产品网络零售额及农村网络零售额

资料来源：商务部。

（五）直播电商促新质生产力形成

直播电商作为一种新兴的商业模式，已经成为电商领域的新场景和新业态。它是直播与电商双向融合的产物，在数字化时代背景下应运而生。直播电商是数字平台生态系统的一种形式。在生产力视域下，数字平台生态系统本质就是技术革新所形成的一种新型生产组织方式。这种新型的生产组织方式，既具有生态系统的特征，也具有数字平台的价值，具有交互性、模块化、适应性、开放共享等多种特征，这决定了数字平台生态不同于传统生产组织方式的内部机制以及作用价值。直播电商从以下方面促进新质生产力的形成。

1. 生产要素层面：赋能要素聚集增长

生产要素位于生产过程的基本层面。直播电商平台生态系统内新旧生产要素不断升级发展，成为赋能新质生产力形成的最底层逻辑。

首先，直播电商平台生态系统促进生产要素集聚。由于直播电商平台的经营优势，某一业务或领域的相关主体纷纷"建平台""上平台"，最终构成了直播电商平台生态系统。随着直播电商平台生态系统内部主体数量和结构的不断增加与完善，直播电商平台将成为某一业务或领域相关生产要素最为丰富的聚集地。这种生产要素聚集不仅是规模层面上的扩增，更促进了结构层面上的互补，例如不同类型的资本、劳动力、技术、知识等，多种生产要素的聚集有助于生产主体获取生产资源，减少生产成本，提升生产效率。

其次，直播电商平台生态系统是赋能要素协同的重要场所。生产要素协同能够有效提升创新水平与全要素生产率，但需要以数据要素赋能传统生产要素的要素数字化为前提。在直播电商平台生态系统内，人才、资本、管理等生产要素实现数字化改造，数字技术重构了原有生产过程的生产、流通、交易等环节，以全要素数字化的形式进行协同联动生产，减少了资源配置成本，优化传统生产要素利用形式，从而激发了传统生产要素活力，提升生产效率水平。

最后，直播电商平台生态系统强化新生产要素的正反馈过程。数字经济催生了以数据、算法为代表的新生产要素和直播电商平台等新型生产组织方式，新型生产要素的特性对生产创新和生产效率的提升具有重要作用。而直播电商平台对充分发挥数据、算法等生产要素的特性起到了重要作用。对于算法而言，需要基于大量多样的场景数据进行反馈训练学习以提升算法预测与计算的准确度和精细度，实现算法性能优化升级。在直播电商平台生态系统内，各主体之间的互联互通与业务经营产生更多种类、更大规模、更多场景下的数据，算法在多次反馈与训练下不断优化，创新和生产成本逐渐降低，完成了"干中学"过程。对于数据而言，直播电商平台生态系统内部各主体相互连接、不断进行生产活动，将会产生大量的多类型数据，不仅会促进数据要素规模经济的产生，还有助于数据要素实现互补，形成高质量数据要素。

2. 生产组织层面：重塑社会生产链条

直播电商平台生态系统基于数字技术、平台化组织形式，以一种新的生产组织方式重塑了社会生产链条，从重塑产业链、搭建创新链、创建价值链等路径提高了生产效率，促进生产创新与生产力升级，成长为新质生产力。

首先，直播电商平台生态系统式的组织形式重塑了产业链。双边或多边市场的直播电商平台优化了交易模式，进而改变了生产链条上的其他环节。在传统产业链中，生产、流通、交易、融资等环节比较复杂，且信息孤岛现象严重，无法实现生产环节协同，不仅引发上游产能过剩、下游需求分散难以聚集等问题，还将导致资源浪费严重且生产成本居高不下，一旦某一环节断裂，还将引发整条产业链的安全风险问题，致使整个产业链韧性和市场竞争能力低下。直播电商平台化模式被视为数字经济引领产业链韧性提升、提高产业竞争力的重要发展模式。其一，直播电商平台通过利用数字技术与数据要素应用整合大量生产主体和要素，优化产业链环节，促进产业强链、补链、延链，提升了产业价值。其二，数字技术和数据要素在生产环节中的应用改变了信息传递与共享形式，大大降低了生产成本并减少了资源浪费，产业链降本增效使得在市场中更具竞争力。其三，直播电商平台打破了产业链之间的物理壁垒，在直播电商平台生态系统内可实现多条产业链互通，通过信息整合、数据共享、资源调配等增强了产业链网络化协同，打破产业链环节之间、产业链之间的孤立状态，增强产业链的韧性和抗风险能力。

其次，直播电商平台生态系统内搭建起开放协同的创新链。新质生产力发展需要高质量发展的创新链与之适配。一般而言，创新链的升级主要涉及创新活动主体与要素、创新流程以及创新链内部运行机制三方面，直播电商平台生态系统作为一种新的生产组织方式，可以在以上三方面发挥重要作用。其一，直播电商平台生态系统具有整合、聚集和配置创新主体与要素的功能，能够解决创新主体与要素较为分散缺乏的问题。其二，基于传统生产链的创新环节与流程仅能进行单向连接，限制了双向、多向创新流程，而直播电商平台生态系统的生态式互联网络可以重塑创新链环节，激发多条创新路径。其三，创新链内部紧密衔接、开放共享的协同机制也可通过直播电商平台生态系统的形式实现，在生态系统知识技术共享机制下，创新主体在各方利益与作用优势的驱动下，协同进行创新活动，创新扩散效应加强，大大提高了创新的效率与质量。

最后，直播电商平台生态系统创建多元共创的价值网链。传统生产组织方式中的价值链主要以单向线性的分工结构为主，是以供应方为主导的价值创造与获取模式。直播电商平台生态系统是多层次、多主体的复杂网络结构，不同主体在不同层次以网络互联协作，共同参与价值创造过程，将传统生产组织方式下的单向线性价值链条重塑为价值网络，从而促进更多价值的产生。

3. 生产动力层面：强化科技创新动能

科技进步是推动先进生产力形成的主要动能。从第一代蒸汽机工业革命到第三代信息技术科技革命，再到当下的数字技术、人工智能创新与应用，人类社会生产力的进化与升级无不与科技进步息息相关。新质生产力是先进的生产力形式，需要以颠覆式的科技创新与技术应用作为重要推动力和发展前提。直播电商平台系统可以为促进科技创新与技术应用赋能，从促进前沿技术创新、技术落地应用与实现"三新"商业转化等路径促进创新生产力的形成。

首先，大型数字平台企业推动了前沿技术创新。在数字经济时代，以智能机器人、人工智能、区块链为代表的前沿技术成为促使新质生产力快速生成的重要工具。目前，前沿技术创新均是数据密集型创新范式，数据资源是其创新的基础。由于数据不同于数据资源，需要对数据进行价值评估、挖掘，才能将数据变为数据资源。在这方面，直播电商系统内的大型平台企业具有巨大的优势与潜能，能够强力推进前沿技术发展。其一，大型平台企业作为生态系统的核心与枢纽，可以通过接入其他主体获得生态系统内大部分数据，数据可获得性和规模占有绝对优势。其二，大型平台企业具有强势的研发团队与经济优势条件进行技术攻关和研发，这包括大数据智算中心、实验室、研究院、资金投入等方面，能够持续进行海量数据的挖掘与分析，技术研发强度与效能要显著高于其他主体。例如，抖音、淘宝直播等典型的生态系统平台企业，在技术研发方面具有强劲的实力，推动着行业的前沿技术迭代升级。

其次，直播电商平台生态系统内提供了多元化场景促进技术落地应用。前沿技术的落地与应用是科技创新促进新质生产力形成的关键环节，直播电商平台生态系统可以为科技创新的实际应用提供丰富的应用场景，促进前沿技术与各生产环节、各领域进行深度融合。在传统的生产组织方式下，前沿技术多为"点状"式应用，即单个企业主动引进技术进行生产改造。直播电商平台生态系统内具有大量多元化的实际应用场景，大型直播电商平台企业作为技术创新的主力，可以实现创新技术产业链供应链全覆盖应用。例如，淘宝将数字技术应用于虚拟展示、用户推送、物流配送、商家服务等各个环节。而且，数字平台生态系统内部可以依靠大规模数据进行优化升级，技术应用与转化模式较为成熟，能显著地降低企业的试错成本与风险。这对应用改造资源等较为薄弱的中小企业而言十分重要，相较于依靠自身进行技术研发与应用，进入生态系统连接数字平台进行技术转化效率更高。

最后，直播电商平台生态系统帮扶技术创新实现"三新"商业转化。除了前沿技术在传统生产环节和场景的应用，颠覆性技术与前沿技术也将催生新产业、新业态、新模式，从而推动新质生产力形成。颠覆性技术与前沿技术转化为"三新"经济，往往需要更多的产业及商业资源与支撑。在这方面，直播电商生态系统将在科技创新推动产业创新过程中展现赋能价值。其一，直播电商平台企业对市场需求信号的敏锐捕获，可以为颠覆性技术与前沿技术产业化、商业化提供方向。直播电商平台企业基于大数据模型对市场数据进行分析，可以挖掘市场需求，实现优先将技术创新投入某个领域与行业进行产业化商业化。例如 AI 产业化，目前各直播电商平台企业已开发或支持 AI 数字人直播、AI 创作工具等，以满足市场需要。随着市场需求的不断增加，直播电商平台将根据市场需求不断推进颠覆性技术与前沿技术产业化进程。其二，新产业、新业态、新模式在投入市场初期，需要市场化资源进行推动和运营，特别是市场流量、营销策略等市场化推广过程。利用数字平台生态系统内数字平台企业的大规模数据分析、流量引流、算法精准投放、线下推广试用等渠道，帮助快速吸引消费群体建立销售市场。

4. 生产环境层面：优化生产基础保障

新质生产力的形成与生产环境息息相关，保障"新"与"质"的基础设施和生产环境同样重要。直播电商平台生态系统既可以提供生产要素、生产组织以及生产动力方面的赋能价值，也可以为"新"与"质"的基础设施和生成环境提供支持。

首先，直播电商平台生态系统内提供"普惠性"专用基础设施。基础设施等"硬件"条件是生产力发展的物质基础。对于要求技术创新与高质量发展的新质生产力而言，对基础设施的要求也更高。新质生产力形成既需要基于高速互联、大数据、云计算、物联网、人工智能等数字基础设施，又需要配套金融、技术硬件设施、特定用户数据库和应用场景等专用性基础资源，这些基础设施资源还需要具有"普惠性"以供生产主体广泛利用，而直播电商平台生态系统可以在很大程度上提供这种更高要求的"硬件"基础设施。直播电商平台生态系统通常涵盖相关领域所需要专用性基础设施与资源。同时，平台生态系统内聚集着大量的 SaaS 企业与数字化工具、API 等辅助工具。因此，数字平台生态系统内部同时具有数字化和专用性的"硬件"基础设施。随着更多互补主体与资源加入生态系统，基础设施的功能短板不断补齐，可以有更为完善的新型专用性基础设施供生态系统内部的各类生产主体使用。

其次，数字平台引导形成促新求质的发展氛围与价值取向。生产力发展与发展氛围、价值导向等"软文化"有关，组织内的文化发展环境能够有效提高生产主体的劳动生产率与创造力。实际上，传统生产组织方式下主体的生产与发展行为"短视"现象较为明显，与"新""质"的时代战略走向存在"脱节"问题。而在平台生态系统内，平台还具有树立生态系统发展氛围与价值取向的功能。平台对于国家战略走向和时代需求具有敏感性与响应性，为谋求数字平台生态系统的长期发展，均积极响应新质生产力发展战略，将发展新质生产力的战略需求分解并内化为生态系统价值导向，配合激励支持制度，形成鼓励攻坚创新与高质量发展的环境氛围。

最后，直播电商平台生态系统为动态治理提供了制度保障。

新质生产力的形成涉及众多主体与要素，往往存在失序问题，依靠市场机制缺乏明确的标准与制度，将会造成一定的效率损失。直播电商平台生态系统内存在系统的制度框架，包括法律法规、商业规则、数据隐私、安全保障、行业自律等。这些制度共同作用，确保直播电商平台生态系统内各主体之间的互动有序、合规交易，逐渐建立起信任机制，减少交易成本与运行风险，形成有利于协作创新、高效生产的发展环境。因此，以直播电商平台生态系统的生产组织方式进行生产，可以依靠直播电商平台生态系统动态治理机制的制度保障，避免标准与制度缺失引发的效率低下问题，构建起有利于新质生产力形成的生产环境，从而加快新质生产力的形成。

五　直播电商的现状

（一）直播电商规模快速扩张

中国直播电商规模一直保持快速扩张，通过直播间购物已成为重要的购物方式之一。据测算，2017—2023 年，中国直播电商的销售额增长了超过 100 倍。

截至 2023 年 12 月，中国网络购物用户规模达 9.15 亿（见图 5-1）。直播电商用户渗透率持续提升，规模达到 5.97 亿，较 2022 年 12 月增长超 8200 万人，占网民整体规模的 54.7%（见图 5-2）。对于直播电商的总体销售额，存在一些争议。CIC 灼识咨询发布的《中国内容电商行业蓝皮书》数据显示，[①] 2022 年直播电商 GMV 已经达到 34879 亿元人民币，同比增长 47.69%，占全部电商销售额的比重约为 23%。咨询机构的数据存在一个较大的问题，就是未能考虑到直播电商所存在的数据造假以及退货问题，所以其所测算的 GMV 明显偏大。根据商务部对重点平台的监测数据，[②] 2023 年 1—9 月，170 家国家电子商务示范基地中的 151 家建立了直播基地，全国直播电商销售

[①] 《CIC 灼识咨询：2022 年中国内容电商 GMV 达 34879 亿元，抖音、快手超越点淘》，2023 年 12 月 28 日，21 财经网，http://m.21jingji.com/timeline/9a539fb2dd2360b8829449e516fae2d8.html。

[②] 《中国服务贸易指南网》，商务部网站，http://tradeinservices.mofcom.gov.cn/article/yanjiu/hangyezk/202310/157215.html。

额达 1.98 万亿元，增长 60.6%，占网络零售额的 18.3%，直播电商拉动网零增速 7.7 个百分点。商务部的数据是根据对平台的数据监测而获得的，准确度相对要高一些。由于商务部并没有公布 2022 年直播电商的 GMV，所以只能根据其所公布的增长率等数据进行反算，我们估计，2022 年去除退货、数据造假等因素造成的影响，直播电商 GMV 为 1.8 万亿元左右，2023 年为 2.8 万亿元左右（见图 5-3）。

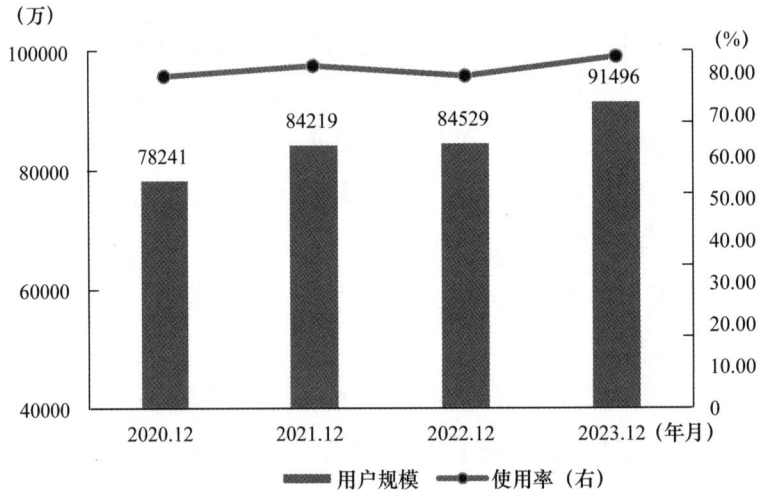

图 5-1　网络购物用户规模及使用率

资料来源：CNNIC。

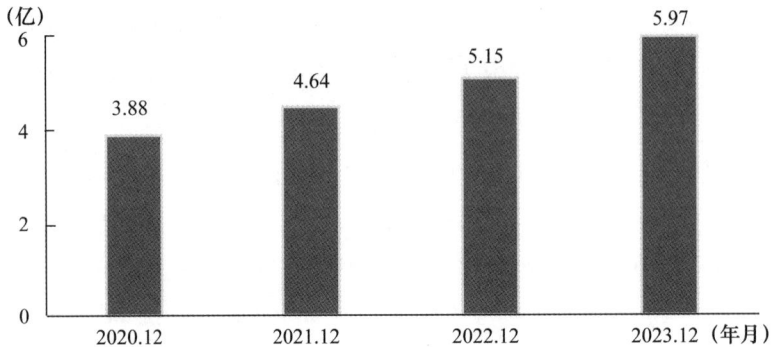

图 5-2　电商直播用户规模

资料来源：CNNIC。

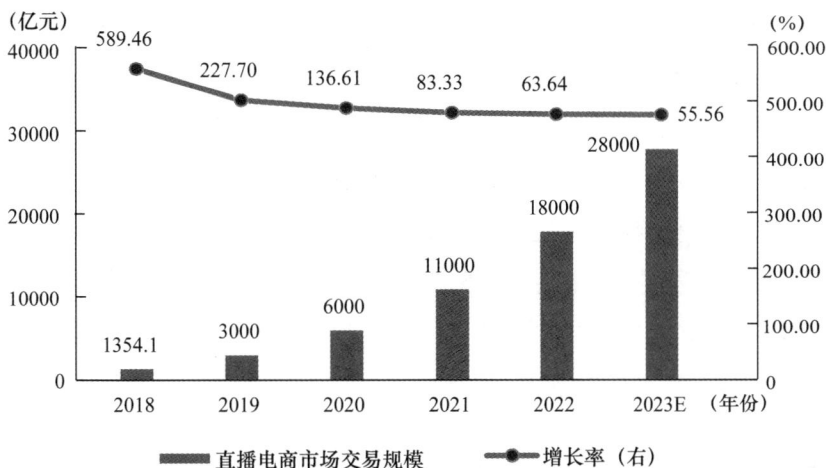

图 5-3　直播电商市场交易规模

资料来源：根据网络公开资料整理。

（二）直播电商生态逐渐完善

直播电商生态日趋完善（见图 5-4），平台、MCN 机构、商家、主播、消费者、供应商、服务商、政府等角色，通过相互配合、相互合作，共同为用户提供更好的消费体验，形成一个快速发展、活力十足的新生态。

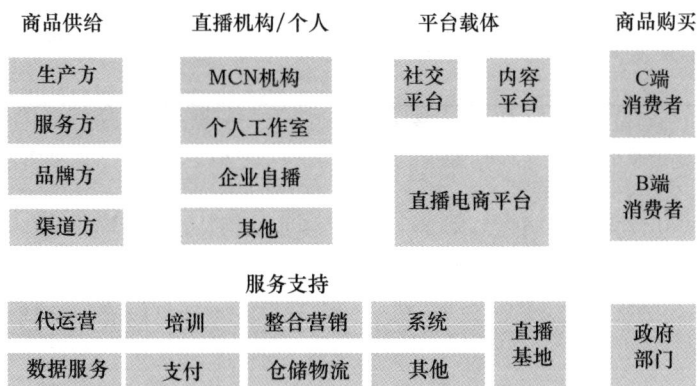

图 5-4　直播电商生态构成

资料来源：笔者整理。

1. 直播电商相关企业增长迅速

根据企查查数据，① 近十年，中国直播电商相关企业每年注册量逐年走高，尤其是 2020—2022 年，中国线上直播电商行业迅速崛起，注册量增速保持在 133%—158% 的超高水平，至 2022 年，全年累计注册 3.25 万家直播电商相关企业，2023 年，中国直播电商相关企业注册量同比增长 66.1% 至 5.39 万家，创近十年注册量新高（见图 5-5）。

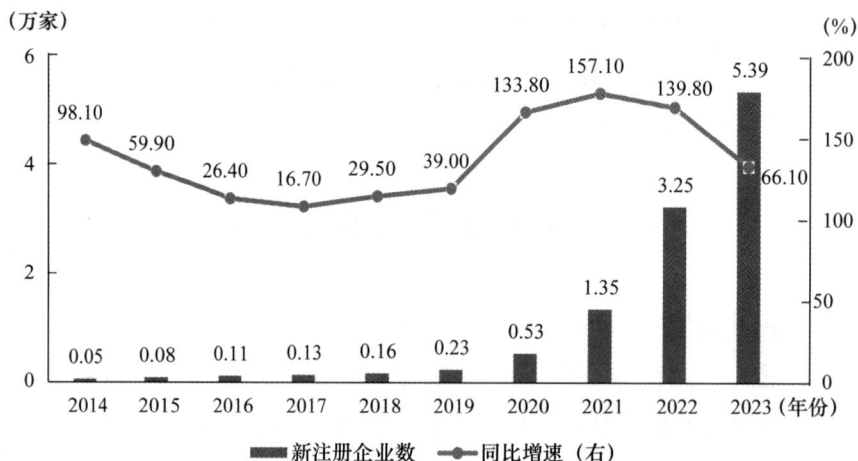

图 5-5　中国直播电商相关企业注册情况

资料来源：企查查。

据企查查 2024 年 9 月 4 日的数据，中国现存 12.7 万家直播电商相关企业，区域分布上，浙江、广东分别现存 2.05 万家、1.84 万家直播电商相关企业，遥居前二，山东凭借现存 1.09 万家直播电商相关企业，排名第三，此后依次为福建、安徽、湖北等地（见图 5-6）。城市分布上，金华现存 8089 家直播电商

_____

① 《主播互撕背后的行业价格战！企查查：去年直播电商企业注册首破 5 万》，2024 年 9 月 5 日，企查查，https://qnews.qcc.com/postnews/qf6dc 09aaacfa6a7a9b4a5cae30c7aa50.html。

相关企业，断层第一；深圳、海口分别现存 5700 家、5086 家直播线上相关企业，分别排名第二、第三；此后依次为杭州、揭阳、武汉等地，相关企业存量均在 4000 家以内（见图 5-7）。

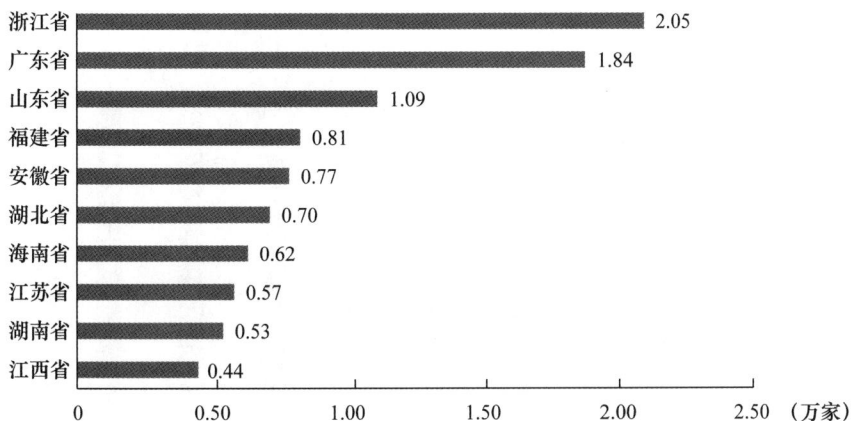

图 5-6 中国直播相关企业省域分布 Top10

资料来源：企查查。

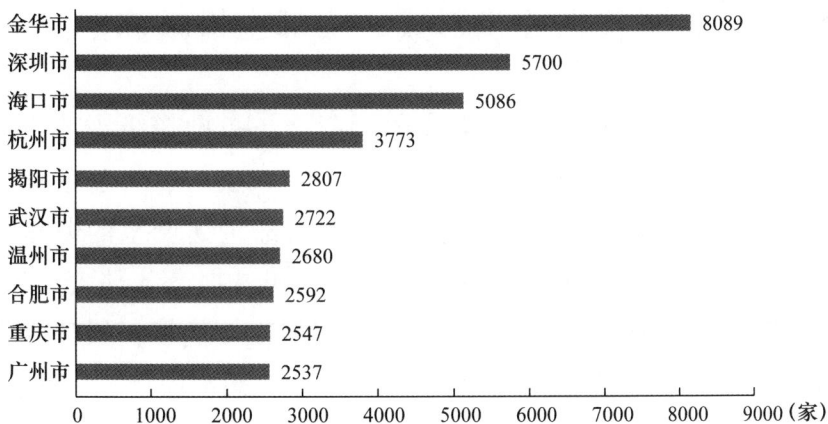

图 5-7 中国直播相关企业城市分布 Top10

资料来源：企查查。

2. MCN 等服务机构数量庞大

根据克劳锐报告数据，2023 年中国 MCN 机构数量达到 25400 家，较 2022 年增加 1400 家，预计 2024 年 MCN 机构数量将达到 40000 家（见图 5-8）。在第四届中国短视频大会上，抖音 MCN 机构运营负责人表示，截至 2023 年，抖音生态已有超过 2 万家 MCN 机构。①

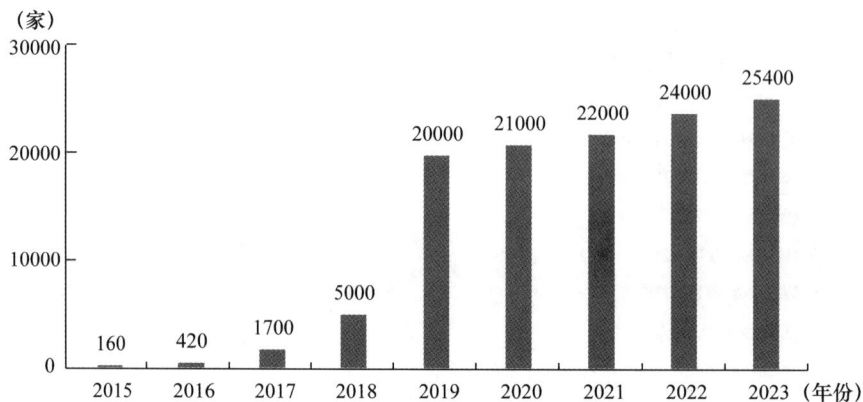

图 5-8 中国 MCN 机构数量

资料来源：克劳锐。

（三）主播梯队逐步形成，头部主播效应下降

从总体上看，中国直播电商的兴起，与一批超级头部主播的成长有关。头部主播所产生的巨大流量与 GMV，本身就自带话题性，容易引起社会的广泛关注。而头部主播产生的财富效应，吸引了大量年轻人参与到主播的行列里。据商务部大数据，2022 年重点监测电商平台累计直播场次超 1.2 亿场，累计观看超 1.1 万亿人次，直播商品超 9500 万个，活跃主播近 110 万人。2023 年上半年，重点监测电商平台累计直播销售额 1.27 万亿元，累计直播场次数超 1.1 亿场，直播商品数超 7000 万个，活跃主播数超 270 万人。到 2023 年 9 月，活跃主播人数已增长到

---

① 《突破重围、高效增长 2024 短视频 MCN 的挑战与生机》，2024 年 1 月 18 日，国际在线，https://news.cri.cn/2024-01-18/9d1b27ed-6403-581a-974e-3bc2cde12c94.html。

337.4 万人。可以看出，在不到两年的时间里，活跃主播人数增长了两倍多。

从总体上看，真正活跃的主播占比还相对较低。根据中国演出行业协会发布的《中国网络表演（直播与短视频）行业发展报告（2022—2023）》，截至 2022 年年底，中国网络表演（直播）行业已经累计开通了超过 1.5 亿个主播账号。

从主播行业的性别来看，超过 60% 的主播为女性，占据了绝对优势。从收入水平来看，据中国演出行业协会发布的《中国网络表演（直播与短视频）行业发展报告（2022—2023）》，95.2% 的网络主播每月收入仅在 5000 元以下，月收入 10 万元以上的主播占比仅为 0.4%。具体到直播带货行业，2022 年，场均直播观看量为 9000 人次，场均销售额为 1.5 万元。而到 2023 年上半年，由于主播数量的增加速度与直播场次的增长率要远远高于直播电商 GMV 增长率，场均销售额已下降到 1.15 万元。如果扣除头部主播的效应，中腰部主播场均销售额在万元以下。

当然也可以看到，超级头部主播的用户群体并不稳定，在淘宝直播曾有一组数据：超级头部主播相继停播后，淘宝直播的用户没有流失。① 超头直播间约 30% 的用户转移到商家自己的直播间，约 20% 和 10% 的用户分别转移到第二梯队主播和新主播的直播间，其他用户回归传统货架电商。快手数据显示，2023 年"双 11"，GMV 排名 Top20 的快手主播，总计贡献 GMV 达 91.32 亿元，比 2022 年同期的 111.35 亿元下降近 18%。

---

① 《商务部：2022 年电商平台直播超 1.2 亿场》，2023 年 1 月 31 日，电商派，https://baijiahao.baidu.com/s？id=1756500887011837732&wfr=spider&for=pc。

六 直播电商 MCN 的发展现状、挑战与破局

（一）MCN 发展概述

1. MCN 机构发展简述

MCN（Multi-Channel Network），是一个来源于国外的概念，在国外，MCN 是将不同类型和内容的 PGC（专业人士输出内容）联合起来，支持内容的持续输出，通过平台实现商业的稳定变现的组织，最早起源于 YouTube 平台，是为 YouTube 频道提供受众开发、内容编排、创作者协作等增值服务的第三方服务商。随着国内新媒体的发展而引入国内，并在中国快速发展衍生、壮大。国内的 MCN 机构发展可以分为四个阶段。

（1）萌芽期（2009—2014 年）：随着短视频行业的发展，微博、微信等平台生态的商业化战略部署，国内 MCN 机构开始萌芽。

（2）成长期（2015—2016 年）：众多 IP 爆红网络，如 papi 酱等。同时资本开始入场，如逻辑思维获 B 轮融资，估值 13.2 亿元。在资本推动下，短视频 PGC 创业浪潮兴起，出现了从单一账号到多账号矩阵的孵化模式，并开始进行电商、付费等多种商业尝试。

（3）爆发期（2017—2018 年）：各大平台推出 MCN 机构扶持计划，吸引大批包括直播公会在内的红人机构转型 MCN，在

短视频行业高速成长、自播、内容创作者以及流量平台多方面因素影响下，行业迎来井喷式增长。

（4）成熟期（2018年至今）。MCN机构开始谋求转型，通过打造自有品牌，整合供应链等强化内部效率与核心竞争力，同时传统传媒和影视机构开始入局MCN。

短短10年时间，MCN从新型物种快速走向成熟，在中国形成了庞大的规模，对数字经济的发展起到重要作用。据艾媒咨询数据，[①] 2021年中国MCN机构数超过3万家，市场规模超过300亿元。在规模增长的同时，业态也逐渐丰富，MCN的服务功能已扩展到资金支持、创作培训、内容推广、合作伙伴管理、数字版权管理等方面。盈利方向包括商业合作、流量分成、平台补贴、广告营销、IP授权、衍生品销售、红人电商、直播打赏、内容电商、知识付费、自创品牌等。

随着直播电商的出现，MCN以其拥有的红人资源、IP孵化优势、内容优势快速成为直播电商的重要参与者。与国外不同，在中国，MCN不仅作为中介方发挥信息沟通的作用，而且提供了更为丰富的服务，包括主播培训、内容生产、多渠道分发、平台合作、粉丝运营、流量管理等，直播电商作为内容行业重要的变现形式之后，直播电商领域的MCN机构更是将招商选品、促销方案、供应链管理、品控、售后服务等作为其非常重要的职能。作为连接品牌商、主播与直播平台的桥梁，MCN机构的最大价值体现在精准高效匹配供应链、孵化主播和维持流量上。

2.MCN对直播电商发展的意义

MCN是直播电商中不可或缺的一部分，作为平台、品牌、

---

① 《艾媒咨询：2021—2022年中国MCN行业发展研究报告》，2022年1月2日，网易，https://www.163.com/dy/article/GSNMTRIM0511B3FV.html。

主播、用户的重要连接枢纽，直播 MCN 机构的大力发展，极快地培育了市场，促进了直播电商业态的成熟。

首先，MCN 机构为市场培育了大量人才。MCN 机构通过用户原创内容（UGC）/关键意见领袖（KOL）/达人/明星/自媒体等达人孵化，为市场培育了众多专业带货主播，而且，很多 MCN 机构在选品、供应链管理、售后服务等方面日益规范化，在发展过程中，也培育了大量相关领域的人才。

其次，MCN 机构助推了直播购物习惯的形成。直播电商开始之初，消费者对直播电商购物将信将疑，通过 MCN 孵化的达人、明星、KOL 等带动，以及在平台的宣导，消费者慢慢建立信心和认知，从而逐渐习惯直播购物，使直播购物成为近几年增长最快的电商新业态。

最后，MCN 机构为品牌参与直播电商提供了快速通道。品牌可通过与 MCN 机构合作，由 MCN 旗下达人直播带货产品。如此，品牌无须自身构建直播团队，亦能通过直播电商渠道开展营销。由于 MCN 达人通常拥有较多粉丝，品牌方通过 MCN 开展品牌宣传、新品发布、短期促销等活动效果较好。除此之外，MCN 还有助于品牌挖掘、宣传和丰富品牌故事，并帮助品牌完善产品。

总的来看，MCN 最重要的意义是以其专业主播孵化、直播策划、内容制作、流量运营、商品销售等能力，推动直播电商行业快速走向规模化、专业化、规范化。

（二）　MCN 发展面临的挑战与破局之道

随着直播电商流量的增长放缓，直播电商 MCN 机构发展逐渐降温，行业面临的挑战逐渐严峻。由于竞争加剧、监管趋严、流量见顶等多方面因素，MCN 面临来自自身、平台、竞争对手、用户、商家、监管部门等多方面的挑战。这些挑战可以概括为人、货、规范三大方面。

1. 来自"人"的挑战与破局之道

首先从人的要素看，面临的挑战包括人才管理、用户流量管理两个方面。

（1）人才管理

人才是 MCN 机构能否成功的重要核心要素之一，随着行业竞争加剧，MCN 面临人才招聘难、留存难、管理难、成本高等问题。以主播为例，当前 MCN 机构孵化主播的方式仍以挖掘达人（具备一定人气基础的主播、网红、明星、KOL 等）为主，自我培养主播为辅。而市场上优质的达人资源匮乏，对于具备电商直播意向的达人，刚有苗头便成为各家争签的对象。而签约后仍面临出走的风险，留下来的部分达人还存在带货效果差的问题。人才的匮乏，导致了人才成本的居高不下。

人才管理是所有企业的必修课题，我们根据调研总结如下方向，供 MCN 机构完成人才破局。

①提升直播电商综合能力，降低对流量达人的依赖

在 MCN 行业，一个主播的成功即可使所在机构站上头部，这使得机构热衷挖掘、打造头部主播。但由于直播电商不同于娱乐业态，流量达人带货翻车的案例多不胜举，这使得头部主播的出现看上去具有偶然性。但从我们的调研和观察看，头部带货主播的出现并非偶然，直播电商的逻辑不只是流量，还需要流量的承接与转化，因此品牌理解与产品宣讲能力、客户服务能力、供应链能力等后端因素更是直播电商成功的核心因素。从这个角度看，达人只是直播电商成功的一个因素，而这个因素并非先决条件，我们从淘系头部、超头部的主播来看，不乏因带货而红的主播。因此 MCN 可根据自身能力调整人才定位，提升直播电商其他要素能力，从而降低对达人的依赖。

②多渠道挖掘人才，招培结合构建人才矩阵

在人才渠道方面，除了挖掘红人、业内猎聘、社招外，MCN还可以开展校企合作、平台合作选拔人才等。除了招聘成熟人才，还可以搭建自孵机制，培养新人。从项目组调研反馈看，自身孵化的人才相较稳定，团队配合较好。

对于有实力的MCN，还可构建多样性的人才矩阵，以提升抗风险能力，如以明星为主的MCN机构，除明星外，还可挖掘红人、垂类KOL，培养素人，等等。通过多样性的人才矩阵，能有效地降低核心主播流失带来的影响，同时也为多头主播的形成创造可能性。

③优化完善管理机制，构建具备竞争力的人才环境

首先，应完善人才成长路径，如对主播设立成长阶梯，这将有利于提升人才动力，提高人才忠诚度。

其次，对于优秀人才，提供分红、送股等实物奖励，设立荣誉表彰、荣誉职称、求学机会等精神奖励。构建与人才利益共享机制。

直播电商的链路较长，从货品招商、开播预热、多渠道宣传投放到直播策划、直播执行，再到售后等，长链路使直播电商的成功离不开团队的配合。优秀的个人放在较差的团队也难出成绩，因此搭建优秀的团队亦是留住人才、发挥人才作用的重要一步。

（2）用户流量管理

用户流量是直播电商的核心资源，随着直播电商大盘流量的增长降速，流量成为直播电商玩家必争之物。在此环境下，用户流量成本不断增加。MCN面临流量焦虑，对于头部账号，一是平台机制不断变化，MCN需要不断迎合机制以维持流量水准；二是跨平台的流量获取，需要不断熟悉多平台的推流机制，不断创造内容。对于非头部账号，参与存量竞争难度大，需不断寻找长尾热点，以便突围。

大盘流量趋向见顶的困境已是既定事实，MCN 所能做的是从存量竞争中取胜，获得持续发展。笔者梳理如下方法以供参考。

①强化多频道互动，争夺平台内外流量

直播间的流量来源分私域和公域，公域流量又分自然流量和付费流量。MCN 通常会根据不同流量来源做运营策略。运营内容可概括为维护及激活私域流量、提高商业采购流量投资回报率（ROI）、优化内容（包含商品、活动、讲解等）获取更多自然流量等。在形势已日趋严峻的发展环境中，MCN 更需精细化运营，多频道互动。从内容载体看，除了直播还需覆盖图文、短视频甚至音频；从场域看，除了平台内部，还需覆盖更多社交媒体。以开展淘宝直播为例，除平台内运用，还需通过抖音、小红书、微信、微博等为直播导流。多频道的互动应始终以直播转化为目的。

②差异化定位，切割细分流量

在常规赛道，绝大部分 MCN 无法跟头部 MCN 竞争，但在垂类、长尾市场还存在较多机会。MCN 可根据自身的产品兴趣、主播定位等寻找匹配的垂类，通过深耕垂类，将有很大机会切割细分流量，同时还有助于私域流量的构建。当下已获成功的垂类有二手奢侈品、宠物等。

③深化参与平台互动，获得平台机制流量

MCN 扎根平台，不可忽视与平台的互动。可以看到，头部 MCN 机构都与平台保持良好、高频的互动。这些互动一是充分了解平台机制，根据机制优化人、货、内容；二是积极参与平台活动，获得流量奖励或扶持；三是共建共享，头部 MCN 应为平台发展出谋划策，与平台共成长，从而享受先行者红利。

④增强服务能力，提升流量价值

当流量难增长时，提升流量价值成为 MCN 可持续增长之路。直播间的流量价值体现在客单价、转化率、复购率上。直播间高客单价和高转化率的背后是高价值人群、高价值品类以及高精准的流量。这也是当下 MCN 提升运营能力的方向之一，MCN 需要不断分析用户群体，钻研产品，为用户创造价值，满足用户更多的需求，从而提升流量价值，获得增长。

⑤突破边界，发展新业务

直播电商 MCN 已进入下半场，转型、整合、淘汰将成为常态。为防范风险，MCN 需提前布局，根据自身能力做好差异化竞争，同时寻求创新发展机会。如有的 MCN 直播技术能力强，发展出直播技术服务业务；有的 MCN 货品能力较强，发展出供应链业务；有的 MCN 善于做品牌，孵化出自己的品牌；有的 MCN 善于人才孵化，拓展出培训业务；有的 MCN 擅长全案运营，给品牌提供全案服务；等等。通过创新发展或延伸发展，有助于创造第二增长曲线，实现持续增长。

2. 来自"货"的挑战与破局之道

在全民直播电商的背景下，直播电商竞争日益激烈，能否供给性价比最高的"货"，已成为直播电商的核心竞争要素之一。打造质优、价低、供应链稳定且售后无忧的货品能力，既是直播电商 MCN 机构在竞争中制胜的重要法宝，又是 MCN 需要攻克的难题。如何在货品上制胜有以下几方面。

（1）选"品"：匹配、控质

MCN 应根据主播人设、粉丝画像、供应链能力选择与自身匹配的货品，所选的内容包括品类、品牌、品质、价格、服务等诸多方面，对于头部 MCN，早些年找上门的品牌多不胜数，MCN 议价能力强，不但可以收取高坑位费、高佣金，还享有定价权。随着市场逐渐成熟，品牌对直播电商的态度逐渐谨慎，更加看重实际效果。这使 MCN 通过带货知名品牌产品获利增长变得困难。当下头部 MCN 多倾向于构建货品矩阵，形成名牌、成熟品牌、初创品牌的货品矩阵，以实现流量与转化收益的平衡。而中腰部 MCN 对品牌把控能力较弱，通常做垂类、长尾货品，做爆品跟进。底部 MCN 则做数据选品、爆品跟进，做白牌货品。MCN 选品应匹配自身的能力，找到适合自己销售的货品。

另外，随着直播电商发展成熟，用户消费逐渐理性，直播电商只有获得消费者的信任才能提高复购率、获得口碑传播。而直播团队只有帮消费者做好质量筛查，传递真实产品信息，才能获得消费者的长久信任，从而实现用户增长，因此，"控质"是选品的重要因素。对于有实力的 MCN 可以与知名检测机构合作，增强产品质检能力，为消费者提供有质量背书的产品。对于实力稍弱的 MCN，可以采用验厂、验货、协议约束的方式把控货品质量。对于底部 MCN，则需要通过产品历史销售数据、用户评价、样品试用等多维信息评判产品质量，同时尽量在协议上提出约束。

（2）管"品"：过程管控、信息化

选品后，管理货品同样非常重要。但由于 MCN 在电商中负责的是前端销售，所以对管"品"多有疏忽。但随着竞争的加剧，管"品"将成为电商型 MCN 的重要竞争优势。货品管理包括货品生产到交付消费者的全过程，包含过程质量管理、库存管理、货品信息管理等。

过程质量是 MCN 难管控的部分，尽管经过前置产品体验、质量验证，仍无法保障在销售过程中的货品质量。若全程监督，必然提升成本，使性价比降低。对此，有实力的 MCN 可通过不定期抽检、"神秘顾客"等方式对货品稳定性进行把控；实力稍弱的商家可以事前协议约束，事后采用客户调研、评论分析等方式评估货品稳定性。对于物流过程中可能出现的货品损害问题，MCN 应于发货前对运输包装与物流损坏率做评估，以优化包装、选择靠谱物流等方式，降低运输中货品损坏率。对于食品等保质期要求严格、产品贮存条件要求高的产品，还需关注运输时效、运输环境等因素。

库存管理是 MCN 必须做好的事项，若因库存信息不准确，将可能导致销售违约，损害消费者利益，也损坏 MCN 信誉，造成流量资源浪费。因此在直播前核对好库存是必要一环。

货品信息管理同样非常重要。对于直播电商，货品信息除了电商销售中需要的各类标签信息、产品使用说明、常规介绍外，还包括产品卖点核心提炼、产品品牌内涵、产品直播讲解话术等。当 MCN 处理的货品信息过多时，容易造成货品信息缺失与失真。一旦货品信息出错，将导致效率低下，严重时可能出现错误宣讲、虚假宣传等问题。

针对货品管理问题，有实力的 MCN 机构可以搭建信息化管理系统，以提高效率及信息准确性，提升竞争力。对于资金规模较小的 MCN，暂时无法投资信息化管理系统，仍需要借助 Excel 等免费工具，建立科学的管理机制。

除此之外，MCN 已逐渐建立起供应商分类分级机制，定期评估，优胜劣汰。

（3）育"品"：互利、共生

为解决货品的困境，部分 MCN 开始创建自己的品牌或孵化培育新锐品牌。自建品牌对 MCN 综合能力要求较高，只适合少数 MCN。但孵化培育新锐品牌，具备一定流量的 MCN 都可尝试。通过为新锐品牌赋能，助力新锐品牌发展，实现与新锐品牌互利、共生，这有利于增加货源稳定性，降低货品管理成本。同时还可加深合作，实现利益共享。

3. 来自"规范"的挑战与破局之道

当下行业监管趋严，使部分 MCN 颇为紧张。规范利好行业未来，并不可怕，但部分不曾规范的 MCN 难以改变习惯，甚至较少了解行业规范，这样的 MCN 如不做出改变，将面临淘汰风险。

行业规范与自律是行业可持续发展的内在基础。对于 MCN 而言，以创造价值为基石，合法守规、诚信经营才能基业长青。

除了必要的合法合规外，MCN 还应自律，专注于自身核心能力的提升，MCN 机构是品牌与消费者的桥梁，一方面需要充分了解品牌方货品、品牌的优势，将其准确地传达给消费者，另一方面需要亲近消费者，将消费者诉求传递给品牌。MCN 机构是保护消费者权益的重要载体，有义务帮助消费者把控货品质量，做好诚信经营。

如今 MCN 机构野蛮式增长时代已然结束，精细化运营时代开启，MCN 只有自律与沉淀核心能力才能长远发展。

专栏 6-1　直播服务机构合规的基本要求

1. 经营合规

按照国家有关规定设置账簿。依法履行个人所得税代扣代缴义务，不得通过成立网络直播发布者"公会"、借助第三方企业或者与网络直播发布者签订不履行个人所得税代扣代缴义务的免责协议等方式，转嫁或者逃避个人所得税代扣代缴义务；不得策划、帮助网络直播发布者实施逃税、避税。

不得通过造谣、虚假营销宣传、自我打赏等方式吸引流量、炒作热度，诱导消费者打赏和购买商品。

采用价格比较方式开展促销活动的，应以文字形式显著标明销售价格、被比较价格及含义。

2. 品控

（1）预售卖的商品应符合法律法规，符合国家节能减碳政策，不应选择禁售商品、假冒伪劣商品。对供应商提供的商品需要建立审查制度，审查内容包括不限于卖家资质、商品执行标准、检验报告、各类标志及入境商品合格证明等。

（2）配备专岗品质管理人员，对供应商及直播商品采取必要的管理措施，建立完善的选品流程，包括对供应商资质、商品资质以及商品样品进行审核，对供应商提供的商品销售信息以及商品卖点内容进行审核，上播前对审核信息进行复审，等等。

（3）建立审核台账备查制度，针对选品过程中资质提供形式多样、样品不能提供或不易保存等情况，留存相关台账备查。在直播销售事前、事中、事后，直播相关机构要选择性地对商品开展第三方检测，鼓励建立"神秘抽检机制"，以确保商品符合选品相关要求。

（4）对主播团队开展品控知识培训，品控管理知识包括但不限于以下方面。

①法律法规：商品质量及广告相关法律、法规和行政规章要求。

②质量状况：产地特点、消费热点、销售定位等。

③商品选择：商品品类、执行标准、标签标识、产地、等级等。

④商品推广：商品品牌、广告宣传等。

⑤商品功能（性能）：主要成分、基本参数、规格型号、适用范围、使用方法等。

⑥售后服务：三包范围、退换货流程、维修方式等。

⑦其他品控相关知识。

（5）商品上架前应基于不同品类商品特性进行商品验收，包括但不限于：①名称；②价格；③生产者；④用途；⑤执行标准；⑥性能、规格、等级；⑦主要成分；⑧生产日期、有效期限；⑨检验合格证明；⑩使用方法说明；⑪使用中可能会产生的危害；⑫特殊人群使用时的保护警示；⑬安全事故处理方法；⑭个人防护；⑮潜在的危险说明。

3. 直播信息管理

（1）文字：应清晰明了、大小适宜，宜采用中文简体。

（2）图片影像：应突出商品使用的场景、商品本身的特色。画质清晰，图片影像应与商品实物一致。

（3）标题：直播销售员应根据售货商品设定适宜的标题，不应出现以下内容：堆砌关键字、不通顺；与直播中展示的商品不关联；侵权、违法、低俗内容；使用"国家级""最××""第一""绝无仅有""万能"等夸大或误导性的极限词；涉及虚假宣传、引人误解；等等。

（4）封面、直播销售员头像、账号及简介：不应含有违法和不良信息，不应以暗示等方式误导消费者，不应出现以下内容：①不贴合直播主题，掺杂无关；②图片过度拉伸、压缩与实际不符；③假冒党政机关误导公众；④假冒媒体发布虚假新闻；⑤冒用他人身份，侵害个人合法权益；⑥名称和头像包含淫秽色情内容；⑦受国家法律法规保护的图案，如人民币、国徽、国旗等；⑧违反直播平台其他规定规范的内容。

4. 销售语言

采用普通话直播，口齿清楚、肢体语言得当。采用非普通话直播时宜用文字辅助，以避免歧义，表达要求如下。

（1）全面、真实、准确地披露商品或者服务信息。

（2）尊重和保护他人知识产权及其他专有权利。

（3）直播推广的商品、服务内容与商品、服务链接应当保持一致。

（4）做出的承诺应遵守法律法规的规定。

（5）应按照与卖家的约定和平台品控管理规则，履行在直播中向消费者做出的承诺。

不应发表以下内容。

（1）对直播商品的性能、功能、质量、销售状况、用户评价、曾获荣誉等作虚假或者引起误解的商业宣传，欺骗、误导消费者。

（2）涉及宣传破坏野生动植物、损害环境、浪费资源等言论。

（3）虚假中奖、优惠活动信息以及其他与直播商品实际情况不相符的信息。

5. 直播行为

直播时应符合以下行为。

（1）接受行政主管部门、直播平台经营者、直播营销人员服务机构、卖家和消费者对直播过程中的合规性监督。

（2）对卖家信息进行核实，包括卖家资质、商品资质、商品信息及销售链接信息等。

（3）与直播平台经营者、直播营销人员服务机构、卖家相互配合，在承诺的时间内协调解决消费者的投诉或建议。

（4）接受直播平台经营者、直播营销人员服务机构、卖家和消费者的满意度测评。

直播时不应出现以下行为。

（1）流量数据造假。

（2）采取虚假购买、事后退货等方式形成虚假销售数据。

（3）涉及虚假、引人误解的。

（4）导流用户私下交易，或者有其他谋利行为的。

（5）带有低俗趣味的。

（6）荒诞惊悚、影响社会和谐的。

（7）损害其他经营者或者消费者合法权益的。

资料来源：

（1）国家互联网信息办公室、国家税务总局、国家市场监督管理总局《关于进一步规范网络直播营利行为促进行业健康发展的意见》。

（2）国家广播电视总局、文化和旅游部《网络主播行为规范》。

（3）《电子商务直播售货质量管理规范》（GB/T 41247—2023）。

（4）浙江省《直播电子商务选品和品控管理规范》。

七　电商主播的成长与自我修养

（一）直播电商主播概况

直播电商主播是指通过直播镜头向观众展示、讲解、种草、销售产品或服务的职业名称。2020 年 7 月 6 日，人力资源和社会保障部、国家市场监督管理总局、国家统计局联合发布了 9 个新职业，"互联网营销师"为其中之一。而"互联网营销师"下面又增设了"直播销售员"这一新工种，"直播销售员"也就是直播电商主播的官方称谓。直播电商主播依靠对产品的专业讲解和推销技巧，把过去线下商场一对一的销售方式，变成网上的一对多模式。

从归属来看，主播分独立主播、商家主播、机构主播。独立主播是指不依附 MCN 机构和商家、独立开展直播的主播，商家主播是指商家聘用的主播，机构主播是签约 MCN 公司的主播。从主播过去的身份看，又分为明星、KOL、素人主播等，对于明星、KOL，直播带货是其流量变现的一种方式。

直播电商主播从其粉丝数量、带货单量等等级分类来看，又可分为头部主播、腰部主播和尾部主播三类。头部主播在主播总体中占比很小，据测算，在直播电商平台，具有强大粉丝基础和号召力的头部主播，占比不超过 3%，但是占据了超过 80% 的流量。头部主播的来源很广泛，包括原来的淘宝店主、KOL 等。腰部主播一般拥有一定的粉丝数量，其影响力尚可，在主播中占比达到 20% 左右。尾部主播的影响力和内容创作能力有限，但是他们数量庞大，是直播电商中店播模式主播的最重要来源。

主播岗位从业者学历以大专为主，女性占绝大多数，主要为 20—30 岁年龄段的女性。淘宝直播的人才需求呈现出更普惠、更灵活等新特征。智联招聘报告数据显示，在直播电商行业，七成岗位没有学历与经验要求，更注重实际技能的考查。① 对机构而言，主播在直播电商的生态中主要扮演着导购的角色（76%），也部分承担着为品牌做广告的责任（6%）。②

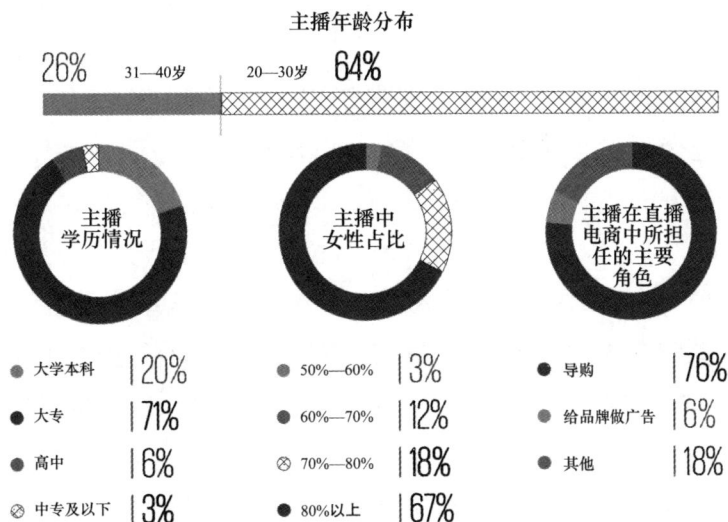

图 7-1　直播电商的主播构成

资料来源：《毕马威联合阿里研究院发布报告：预测今年电商直播将突破万亿》，2020 年 10 月 12 日，环球网，https://baijiahao.baidu.com/s？id = 16803353140980 49474&wfr = spider&for = pc。

----

① 《智联招聘携手淘榜单发布〈2021 年直播产业人才报告〉》，《大众日报》2021 年 11 月 16 日。
② 《毕马威联合阿里研究院发布报告：预测今年电商直播将突破万亿》，2020 年 10 月 12 日，环球网，https://baijiahao.baidu.com/s？id = 1680335314098049474&wfr = spider&for = pc。

电商主播的工作强度较高。笔者实地调研走访发现，即使是头部主播，其每周的直播次数也必须保持在 3 次以上，每次直播时长不低于 4 个小时。例如，在"双 11"的促销季，某超头主播一个月开播场次在 20 场甚至 25 场以上。除了直播间的直接工作时间之外，还得进行数据分析、复盘等事后工作。而对直播电商最重要的选品来说，大主播都是通过团队的方式完成，对于缺乏工作团队的中小主播而言，更得亲力亲为，还需要花费大量的时间进行直播内容准备、设备调试等工作。从整体上来看，几乎所有的主播每天的工作时间都超过 8 个小时，多的达 12 个小时以上。而且，这种工作大多是昼夜颠倒型的。一般主播 19 时开始直播，到 24 时结束直播。在之后还需要进行复盘和数据分析。而第二天中午之后，还需要对当天直播方案文稿进行讨论，准备直播脚本，以及进行直播选品工作。

从主播的工作收入方面来看，BOSS 直聘的数据显示[①]，从"6·18"到"双 11"期间，电商主播平均招聘月薪为 10636 元，2020 年较 2019 年同期涨幅 0.6%。期望从事电商主播岗位的求职者较 2019 年同期增长 110.7%。74.1%的电商主播看好直播电商的行业发展前景，针对"未来是否考虑会换行"的问题，他们选择跳槽、转岗但不转行。另外，智联招聘的数据显示，2021 年第三季度直播行业招聘职位数同比增加 11.72%，高于全平台岗位增幅的 6.82%，直播岗位的求职人数同比增加 46.69%，求职者增幅明显高于岗位增幅。[②] 可以看出直播岗位对人才的需求仍然较大，但随着从业人员的增多，人才缺口逐渐呈缩小趋势。

---

① 《BOSS 直聘电商主播调研报告：90%以上流量集中在头部主播》，2020 年 12 月 2 日，国际在线，https://baijiahao.baidu.com/s? id = 1684938823906332018&wfr = spider&for = pc。

② 《智联招聘携手淘榜单发布〈2021 年直播产业人才报告〉》，《大众日报》2021 年 11 月 16 日。

（二）主播核心能力概述

商业源于需求的交换，满足客户需求是商家的根本。在直播电商行业，直播间只有不断满足客户需求、为客户带去价值才能持续获得客户。用户在直播间停留、购物，其内在的价值需求可以概括为情绪价值、信息价值、货品价值、信用价值。情绪价值包括娱乐消遣、荣誉获得、被关怀、归属感、正能量等；信息价值包括新奇内容、方式方法、货品信息等的讲解分享；货品价值包括货品使用价值、优惠折扣等；信用价值包括直播及账号的信用背书、产品的筛选等。主播作为直接沟通用户的角色，是价值传递的重要媒介。因此从满足客户需求的能力出发，主播及其团队需要在上述四项价值上做提升，从而不断满足客户需求。

主播要提升直播间的情绪价值、信息价值、货品价值、信用价值，需要具备抗压能力、选品能力、展现能力、学习能力，并做到知己知彼。

1. 抗压能力

主播工作强度大、心理负荷高，主播需要热爱该职业，并始终坚定信念。需要具备在高压、困境下的自我调节能力，不将负面情绪带进直播间。

2. 选品能力

直播电商业务中，货品是消费付费获取的核心利益。能否给消费者提供需要的货品，决定了直播电商的成败，因此选品至关重要。主播要做好选品，首先是要懂粉丝，了解粉丝需求；其次是要懂产品，拥有产品专业知识。二者结合方能做好选品。

3. 展现能力

展现是主播的核心工作，主播在直播间通过展现吸引粉丝观看、关注、转评赞、购买等。主播好的展现包括形象得体、口齿清晰、讲解专业、内容有趣或有价值、互动积极等，通过展现能准确传递价值，促进成交。

4. 学习能力

在直播电商中货品不断迭代、内容不断更新，主播只有不断学习，领先用户，才能更好地完成直播目标。主播学习的内容包括产品知识、当下热点趋势、用户画像、直播平台知识、直播技巧等，因此优秀的主播需要具备较高的学习能力。

主播的能力建设非朝夕之功，只有在工作中不断学习成长才能长红。

（三）主播心理建设

1. 培养良好的直播心态

良好的心理素质是带货主播必备的修养。主播在直播中，会面临各种影响心情的局面，如刚开始直播时，直播间观看人数少、没有粉丝互动、黑粉语言攻击等；带货的商品卖不出去，遇到客户投诉、退货等一系列售后服务问题；平台不断更新的规则，以及越来越严格的政府监管等。这些因素都可能让一个心理素质较差的主播随时崩溃。主播只有不断地去调整心态，提升自己，才能坚持下来，成为一名优秀主播。

以下为直播带货主播心态合格的几个重要表现。

（1）观看直播人数少时，依然能够保持热情

粉丝的积累并非一朝一夕，很多刚从事直播的带货主播的直播间观看人数往往会很少，也没有观众互动，整个直播过程会遭遇很多尴尬。但是，越是人少的时候，越要保持该有的热情和亢奋，把自己准备的产品完整、全面地介绍给观看者。只要够坚持，能够给消费者推荐物美价廉的产品，提供优质的售后服务，你的口碑自然会逐渐传播，树立一个正面的形象，观看直播的人数就会越来越多。某知名男性头部主播回忆自己第

一场直播，直播了两个小时，观看的总人数不到 200 人，而且大部分观众对于男生做美妆非常不理解，以至于恶语相加、人身攻击，但是主播并没有放弃，一直坚持到了现在，成为带货主播里的头部主播。新晋主播要把每一场直播都当成一次练兵场，都是提升自己的一个机会，并且要努力把握住每一个机会。

（2）当观看人数起伏波动较大时，心态能保持平静

直播间观看的人数，有时不是逐渐增加或者逐渐减少的，受节假日、直播内容或优惠力度等内部因素影响，也可能受其他主播、平台活动等外部因素影响，可能会突然爆发式增加或者断崖式下降。这时候，一个合格的主播要能够保持稳定的心态，不要因为观看人数多了而过分激动，也不要因为观众少了而失望低落，丧失激情，你要做的是保持应有的热情和敬业的精神，把推荐的产品全面、细致地给直播间的观众介绍清楚，同时要时刻和观众保持互动，让观众感受到你的热情和敬业精神，要对观看你直播的观众负责。某明星在一次直播带货中，为了吸引观众，在直播间打出这样的口号：直播间人数到 3 万摘墨镜，直播间人数到 5 万笑一下，直播间人数到 8 万保持微笑，直播间人数到 10 万才开口说话。如此直播，自然引来了众多观众的不满，一些网友直言不习惯，嘲讽这是"绑架式直播"。

（3）长时间直播带货，能控制节奏，保持激情

无论对于老主播还是新主播，直播时长的重要性不言而喻，直播时长影响曝光度、粉丝积攒度、带货产品的数量以及收益。现在大多的直播带货，少则四五个小时，多则十一二个小时。数据显示，2021 年淘宝"双 11"开启当日，超头主播 A 直播 12 小时 26 分钟，上架了 439 件商品，而超头主播 B 直播 14 小时 28 分钟，上架了 499 件商品。可想而知，在如此长的直播时间里，主播要学会控制整个直播的节奏。如何使整场直播最大限度地吸引观众观看，首先必须掌握主动权和控制权，记住直播间要有主场的感觉，要学会制造各种气氛调动粉丝购买的积

极性。其次，每一场直播都需要一个优秀的场控，场控是主播的亲密合作伙伴，更是整个直播间的导演，把控节奏，掌控整个直播。场控不仅可以调节气氛，还可以在恰当的时候促成交易，帮忙维持直播间的秩序，还会在直播中进行记录，有利于后续直播复盘，优化直播流程，丰富直播内容。最后，需要花时间、下功夫去积累直播的素材，去深入了解本场直播所推荐的商品，必要的话还要提前使用，做好充足的准备，提高专业素养，这样才能应对粉丝提出的各类问题，建立粉丝对主播的信任，有了信任，自然就有了掌控直播的底气。

2. 优秀主播心理建设要点

直播主播保持好的心理状态，首先最重要的一点，就是自信。如果连主播自己都不相信自己，就很难让粉丝相信自己、相信自己推荐的产品。自信表现在两个方面，一是要对自己的产品自信，自己推荐的产品就是特别好、特别适合直播间的粉丝们，无论是从质量还是价值来看，自己推荐的产品都比其他直播间的产品要更胜一筹；二是要对自己的情绪自信，情绪包含多个方面，主播在直播带货的时候，最重要的就是讲话，讲话的声音、语速和感情，都会影响粉丝的情绪。一个优秀的主播，声音不一定要大，但是一定要清晰，语速要适中，该快的地方快，该慢时也要慢下来。讲话要富有感染力，表达积极的情绪，传播正能量。一个积极向上、阳光快乐的主播，没有人会不喜欢。

其次是要尽职。每一个新的主播在初期都会经历"无人观看"或者"少人观看"的状况，这是很正常的。想成为一名优秀的带货主播，在观看的人数比较少时，也要尽职尽责，认真直播。要把每一场直播，当成一次锻炼的机会。新人主播往往直播经验不足，不知道怎么推销产品，也不知道怎么吸引观众，但是一定要有敬业的精神，不惧尴尬与不失落，哪怕直播间就一个人观看，也必须用最佳的状态认真完成直播。机会总是留给有准备的人。

最后一定要有耐心。耐心，是成功的垫脚石。根据数据统计，淘宝直播的主播队伍在逐年扩大，特别是 2020 年，受疫情的影响，直播经济呈爆发式增长，主播数量增幅最为明显，同比 2019 年增长了 661%。[①] 如何在如此多的主播中生存下来，耐心是非常重要的。只有耐心地坚持在线直播，不断提高自己的职业素养和货物的质量，找准自己的定位，认真地做好每一场直播，粉丝就会积少成多，口碑自然也就逐渐树立起来。

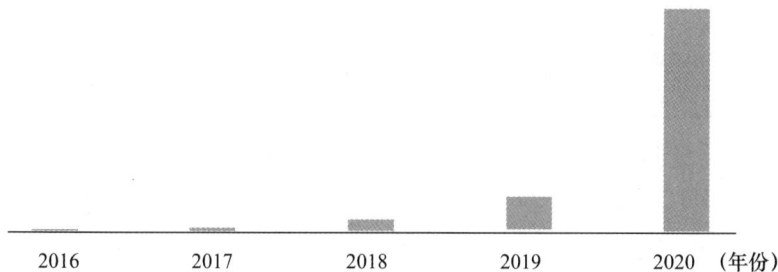

图 7-2　淘宝直播各年主播数量

资料来源：课题组调研。

（四）认知消费者

1. 消费者心理需求

一名优秀的带货主播，要善于分析消费者的心理并且要抓住消费者的心理需求，不断满足消费者的心理需求，这样才能持续不断地吸引粉丝，获得信任。消费者的心理类型分为以下八种。

（1）实用型消费

实用型消费是一种以注重商品的实际使用价值为主要特征

[①] 《智联招聘携手淘榜单发布〈2021 年直播产业人才报告〉》，《大众日报》2021 年 11 月 16 日。

的心理。具有这种心理需求的消费者，在购买商品时比较注重商品的实际效用和质量，讲求经济实惠、经久耐用、使用方便等，而对商品外形、色彩、包装等不大追求，他们购买行为的核心是"实惠""实用"。这种消费心态在直播电商最初兴起的淘宝平台是最多的，而后逐步扩展到其他平台。

看直播就可以看到商品的全貌，不仅可以节约自己选择的时间成本，还可以用更低的价格买到更优质的商品。不同于二维图片的商品详情，消费者在直播间通过屏幕可以清晰地看到整个产品，获得使用方法、穿搭技巧等生活知识。直播间时不时开展的给出折扣、优惠券等活动，让消费者能用实惠的价格买到心仪的商品。

（2）求美心理

求美心理是以追求商品的艺术价值和欣赏价值为主要目的的消费心理。不少消费者会以"美观"作为一个重要的条件，特别重视商品的造型、色彩、包装等。随着生活水平的提高，人们在享受商品的同时，更注重心理和情感上的满足。这是目前很多品牌将自己的海报做得足够创意化的重要原因。

在这个注重"颜值"的时代，有些消费者更倾向于商品的造型、色彩、个性和独特的制作工艺，而购买那种实用性不强但价格不菲且造型精美的商品。除了包装和文案求美的心理之外，人们对自己的外观更加注重。因此，可以增加美感的物品在直播时非常受欢迎。例如淘宝直播2020年度天猫新品牌中排名第一的花西子，凭借精美的外观和优秀的品质，实现了国货品牌的弯道超车。

（3）从众心理

"从众心理"也叫作"羊群效应"，是指人们受到多数人的一致思想或行为影响，个人的观念与行为由于群体的压力或者引导，而向多数人一致的方向变化的现象，常常表现为群体性集体购买。从众心理简单地说就是跟风、随大流。

直播间是最容易产生从众心理的场景。调查表明，购买行为具有无目的性、偶然性、冲动性的特点。在用户对商品不熟悉的情况下会倾向于参考他人的评价，综合考虑专家和普通用户的评价可以让消费决策更有把握。另外人们希望他人接纳而非排斥自己，所以期待得到积极评价，即让自己显得更"合群"。所以有时候虽然认为某项商品体验不好，但是如果多数人都说它好，自己的内心也会动摇。

（4）稀缺心理

在消费心理学中，人们把"物以稀为贵"而引起的购买欲望提高的变化现象称为"稀缺效应"。这符合稀缺性原则：当获取某一事物的机会越少时，想要的人就会越多。

在营销中运用最广的稀缺心理是饥饿营销，营销界比较著名的案例是小米的饥饿营销。商家有意地调低产量，造成供不应求的现象，这样既可维护产品形象，又可在一定程度上提高产品销量、售价、利润率。

（5）权威心理

心理学的权威效应，又称为权威暗示效应。因为人们都有安全心理的需求，认为权威人物或者权威机构等往往是正确的，服从他们会使自己有安全感，增加不会出错的保险系数。另外，人们总认为权威人物或者机构的要求往往和社会规范相一致，按他们的要求去做，会得到各方面的赞许和奖励。

利用权威心理的销售模式，是一种全新的"人找人"的新模式。它重构了传统电商的供需匹配方式，因为我相信你这个人，所以你推荐的东西，我就会买，这其实是一种信任经济。

（6）损失厌恶心理

人们天生对损失更敏感，当可能产生损失时，人们会下意识地采取行动来避免损失。人们对损失的敏感程度要大于对获得的敏感程度。损失厌恶，也叫损失规避，是指人们面对同样数量的收益和损失时，认为损失更加令他们难以忍受，损失时的痛苦会大大超过获得时的快感，比如你损失 10 块钱的痛苦可能需要获得 20 块钱才能弥补。

（7）场景融入心理

逛街是线下的一种生活方式，即使不买什么，很多女性也把逛街当作一种乐趣。观看网红直播带货，可以看作在虚拟网络空间中的一次"逛街"，用户进入"逛街"场景之中，即使不买什么，同样可以感受到"虚拟逛街"的乐趣。

直播电商是现实生活场景的一个构成部分，有时间就看看，不在乎下单数量，而着力于营造网上"逛街"的气氛。直播电商这种"逛街式"场景成为线下逛街的一个重要替代。电商直播除了解决传统图文展示的痛点之外，还能使消费者与主播互动，看到其他买家的踊跃参与，让购买体验不再是与其他买家隔离的"孤岛"，而更像是线下场景中的逛购。

（8）粉丝追捧心理

明星或网红直播带货，可以将自己的粉丝群体转化为消费量。具有追捧心理的粉丝更容易受到他们的感召，对商品的品质、价格等因素反而不太看重。明星经常会占据娱乐新闻头版头条，明星的一举一动都会受到粉丝的关注，因此当明星出现在直播中与粉丝互动时，会出现极热闹的直播场面。

将以上八种消费心理进一步总结归纳，可以分为两种消费模式。

一是重心在商品上的消费模式。最早在淘宝开始的直播电商主要是实用的消费心理，直播能够直观看到商品，比图片更立体和真实，且直播间往往还有优惠。直播电商有一定热度后，消费者围绕直播电商开始形成一些话题，交流对商品的看法，于是便有了基于社会交往需要的直播电商需求。这种消费心理集中关注商品的性价比、商品的话题度、商品的适用性等属性，是关注"物"的消费。

二是重心在主播（网红）上的消费模式。粉丝追捧消费、场景融入消费和损失厌恶心理型消费都属于这一类。带货网红的出现逐渐使直播电商成为一个追星平台，粉丝追网红而聚平台，商品已经不是重心，网红才是关键。出于直播带来的逛街体验感、对人或事的感动而产生的消费，有实际需求的因素，但更多的是因情感因素而关注和购买。这些消费心理更多偏向对"人"或"事"的消费，对"物"的消费比重降低很多。

有人说，直播带货就是一场心理博弈。在《2021中国青年金钱观大调查》中，超过一半的人最想花钱给父母和家人，最看重的事情中，亲情和爱情排名靠前。带货主播不能只把注意力放在产品的解说上，适当地跟观众互动，聊些观众感兴趣的话题，适当为亲情、爱情发声，这样可以拉近与观众之间的距离，更加促进消费转化的作用。就"当代年轻人都在如何花钱"这一问题上，九成人看中性价比，坚持长期主义，七成人愿意花钱买快乐体验。可以看出，性价比还是很多人的第一选择，很多人还是理性的"经济人"。而随着生活水平的提高，越来越多的人注重购物的快乐感，追求独特、新奇、有趣，直播带货可以给这一部分人带来快乐的体验，因此很多人也会花钱埋单。

2. 目标受众人群画像

主播在带货的时候，首先要了解沉浸于直播间的是一群什么样的用户，以及要面对的客户的年龄段、男女用户比例和地域分布等信息。这需要主播清楚目标受众群体的画像。

（1）什么是用户画像

用户画像是建立在一系列真实数据之上的目标用户模型，本质是对任何一个用户都能准确描述。个性化推荐、广告系统、活动营销、内容推荐、兴趣偏好等都是基于用户画像的应用。通俗来讲，画像就是深入了解观看直播的人都有什么样的特征，购买直播间商品的人都有什么样的特征。画像是根据个体在网络上的数据足迹，对个体特征进行描述。

（2）淘宝直播的用户画像

根据《淘宝直播 2021 年度报告》（以下简称《报告》），淘宝直播的画像用户结构，主要表现在以下三个方面：一是女性用户更爱看直播，男性用户近几年增幅较为明显；二是淘宝直播用户群体集中于"80 后""90 后"，但"00 后""70 前"的用户数量也在明显增加；三是面对淘宝直播这种新兴的电商购物方式，一、二线城市的用户接受度比较高，五、六线城市的下沉市场消费者同样占比明显。

淘宝直播带货得以快速发展，核心的用户的贡献占比非常高，因此带货主播要了解淘宝核心用户的构成。《报告》分析，核心用户贡献了淘宝直播超过 80% 的观看时长、超过 60% 的成交量，是平台最稳定的消费者。从数量上看，2020 年淘宝直播核心用户实现了爆发式增长，截至 2020 年年末同比增长接近 150%。核心用户具有极高的商业价值，消费能力也极强。他们的月均消费金额是其他用户的 3 倍以上。除此之外，核心用户消费覆盖价格区间广泛，低至 50 元高至 1000 元以上订单数量都有不同程度的增长。不仅如此，核心用户更是将淘宝直播作为主要的消费渠道之一，逐渐对淘宝直播产生依赖，其中重度消费用户数量持续增加，比重持续上升。

从用户品类偏好上分析，男性更爱买汽车、大家电等，而女性更爱买女装和美妆。从年龄层面分析，"70 前""70 后"用户更爱购买鲜花、宠物和家装，"80 后"用户偏爱购买家装和 3C 数码，而"90 后"用户更偏爱美妆，"00 后"用户更爱买男装和美妆。从城市的角度分析，一线城市的用户更爱医美类和本地生活类产品，二线城市的用户更偏爱医美类和食品类产品，而三、四、五线城市的用户更偏爱本地生活类和汽车类产品，六线城市的用户则更偏爱汽车类和母婴类产品。

（3）了解用户画像的作用

一是直播电商的精准营销需要用户画像。直播带货不仅要实现大众营销，还需要实现精准营销。精准营销就是在充分分析用户画像的基础上搭建智能推荐系统，找到最合适的精准营销策略。例如，针对青年女性的奢侈品二手包直播间，大都卖的是正品的二手奢侈品女包，成色都比较新，质量也能够保证，但是价格比新包要低很多，主要针对一线城市的青年女性。其想购买奢侈品包但是预算不是很足，又不想购买假货，因此就选择二手产品，物美价廉，又能满足自己的需求。通过精准化营销，可以帮助主播更好地满足用户的个性化需求，赢得更多用户的认可，还可以有效降低营销成本，提升营销效果。

二是了解用户画像可以调整目标受众。一般情况下，在开始直播前，主播团队都会对自己的商品目标受众有一个基本的期待，对用户特征有一些勾勒，这些是静态人口学画像的描述。但是经过几次直播之后，通过直播间观看和购买的用户特征进行画像，可能会发现直播间用户的动态人口学画像会和之前的静态人口学画像有区别，那么直播团队就必须对直播的选品策略、主播的风格等进行反思，然后再重新做出决策。

三是了解用户画像可以实现更好的粉丝运营。用户的行为是多维度的，对用户画像的分析可以从不同的维度展开，来实现对粉丝的更好运营。直播用户的初级分类根据是其对直播的态度：根据是否看过直播的状况，将目标人群分为重度用户、中度用户、轻度用户、边缘用户、流失用户及潜在用户六大类，针对这些不同的用户，在后期的粉丝维护中应该制定不同的策略。例如，对重度用户，应增强与其情感沟通，推出忠诚奖励计划，增加各种荣誉性的标识，增加专属优惠券，等等；对中度用户，要对其感兴趣的内容进行标记，加强后期的信息推送，尤其是精准的信息推送等。在直播间里的用户行为，即根据用户对商品的触达模式，包括进入直播间的时间、观看特定商品直播的时间、点赞的频率、评论的频率和深度、对优惠券的兴趣等，可以对用户的购买意愿作出更为精准的定量评价。

四是了解用户画像可以召回流失的用户。通过目标受众画像，主播还可以召回流失的用户。在召回流失用户之前，主播团队需要确定一个目标，必须从用户的角度出发，给用户一个重新选择产品的理由。一般可以通过短信通知（最常用的方式）、微信公众号通知、赠送用户优惠券，以及举办一些活动宣传等方式来召回用户。除了召回用户，我们还要注意召回的效果，召回的方式是否可行，召回的效率如何。这些都是主播团队需要分析复盘的数据。

（五）主播人设塑造

人设，就是人物设定的简称。"人设"是让别人快速记住你的"关键词"，作为一个主播，基础的就是要做到既专业又亲近，而这些需要从谈吐、外形、个性能力等方面去塑造。主播应追求专业化、精细化、个性化，形成自己的核心竞争力，打造 IP 和品牌。

在电商直播中，每个直播间都是一家商场，如果一家商场没有特点显然在竞争激烈的市场中难以生存，北京 SKP 的奢华，三里屯太古里的时尚，万象城的生活品质，等等，几乎全国著名的商城都有自身突出的特点。打造有个性、有魅力的主播个人 IP 显然也是建好主播商场的关键。

1. 人设：直播电商时代的新 IP

主播打造人设的基本目的是获得更高的关注度，通过人物设定可以让自身的定位更加鲜明立体，让粉丝通过一个关键词

或者一句话就记住你。所以人设一定要有记忆点，一个成功的
人设一定可以展示主播与众不同的魅力和新鲜感，让粉丝看了
印象深刻，拉近主播和粉丝之间的距离，提升粉丝的关注欲，
没有记忆点的人设都不叫成功的人设。一个优秀的主播一定有
其独特的人格魅力，所谓的人格魅力就是源于主播对自己的人
设的定义，也就是粉丝对你的外貌、穿衣打扮的固有形象，以
及你的性格带给粉丝的印象。主播人设要和自身性格接近，这
样直播的互动频次才会增加，互动深度才会增强，主播和粉丝
的距离才会缩短。

一个有成功人设的主播，会让更多的粉丝观看你的直播，
也会让粉丝在观看直播时停留的时间更长。根据大数据统计，
粉丝在观看直播时停留时长一般是 2—5 分钟，而某头部主播直
播间的粉丝停留时长平均为 14.5 分钟。而且，不同类型的主
播，互动深度、曝光频次、曝光量、粉丝距离和人设一致性都
是不同的。根据数据统计，淘宝主播在互动深度、曝光频次和
人设一致性上，跟其他直播平台的主播相比都处于比较高的水
平，但是在曝光量方面还非常小，仅限于直播当时的曝光，且
淘宝主播和粉丝的距离是非常近的，互动非常频繁，这也是吸
引粉丝观看直播的原因之一。

2. 人设的内涵：人、内容、粉丝与商品的整合

（1）主播定位

每一个人在打算从事直播行业之前，都应该问自己为什么
要做主播？一件商品需要定位，一个公司需要定位，一个主播
更需要有清晰的定位，要了解自己擅长的领域。只要是可以做
主播的人，一定都有自己的闪光点，这些闪光点就是粉丝喜欢
你的理由。

专题7-1　主播应如何给自己定位？①

第一，从自身出发，确定自己的核心价值。

当一个新晋主播还不知道粉丝想看什么内容的时候，可以先从自身出发，挖掘自身的优点和长处，做一些其他主播没有的内容，或者在已经有的内容上比其他主播做得更好。直播的内容，最大的检验效果就是看是否可以引起共鸣。一个新晋主播一开始可以尝试不同的直播内容，然后观察在线人数变化和粉丝的反应程度。在经过不同内容尝试之后，根据最能引起粉丝共鸣、反应最强烈的直播内容，就可以初步明确主播的价值主张。

综合了个人兴趣与性格特点、价值观念、教育背景等诸多因素的个人特质，是主播定位的基础。在明确定位之后，要将个人兴趣提炼或转化至个人特质，这个过程一方面需要与主播的性格特点、教育背景等深层次融合；另一方面，多个不同的个人兴趣之间也会互相碰撞和影响，丰富和重塑个人特质。

第二，从粉丝出发，强化自己的核心价值。

新晋主播必定要做好准备才能上路，所以一定要在自己直播之前，观看其他直播间粉丝们的核心需求点，了解粉丝们的核心需求在哪些方面，并且选择其中一个点作为自己的价值主张。在有一定基础之后，主播就应该考虑自己的发展方式，是横向发展还是垂直深耕，需要主播对自己做一个详细梳理。

---

① 李勇等：《成为主播》，中国人民大学出版社2022年版。

（2）主播和直播间命名

给自己命名，这是直播的第一步。一个好听的名字可以让粉丝知道你是谁，好的直播间名字可以让粉丝知道你直播的大致内容。在主播的命名上，一定要加上自身的特质，或者突出自己的一个特点。

（3）粉丝昵称和粉丝团昵称

给自己的粉丝和粉丝团起昵称，这往往是一些明星的普遍做法。比如，歌手李宇春的粉丝昵称为"玉米"（"宇迷"的谐音），演员胡歌的粉丝昵称为"胡椒"，歌手周杰伦的粉丝昵称为"杰迷"。而当主播具有一定的影响力，形成一批固定的粉丝群体之后，也可以给自己的粉丝或者粉丝团起一个昵称，这样可以拉近主播和粉丝之间的距离，也可以提高主播的知名度。

（4）自我介绍和直播间欢迎语

俗话说，万事开头难。新晋主播想让粉丝记得你、关注你，一个好的自我介绍是必不可少的。

你需要找到自己和粉丝之间的信任和共鸣，这些共鸣来自你之前的经历、爱好、从事的职业以及所学的专业，自我介绍可以使你的人设显得更加立体和饱满，拉近与粉丝之间的距离，获得粉丝的信任。直播间的欢迎语也是非常重要，好的欢迎语可以快速吸引粉丝的目光，使其了解主播的个性特点。

（5）形成自己的经典语录

随着互联网直播的蓬勃发展，各大直播平台都诞生了不少网红人气主播。然而一个主播想要成为观众心目中喜爱和追求的对象，直播优良的内容是必不可少的，还一定要具备和别人不一样的特点，尤其是要形成自己的经典语录和口头禅。

如淘宝某超头主播，直播时飞快的语速和有时略显夸张的几句口头禅让粉丝记忆深刻："这个颜色也太好看了吧！""答应我，买它！买它！买它！""Amazing，高级！"等，这一系列的口头禅都是有感而发，真情实感，因而也能带动观众的情绪去购买他的产品。

3. 从零开始打造人设

主播打造人设需要三个步骤，首先是确定一个简单专业可依赖的人设。这样的目的是拉近与消费者的距离，获取消费者的信任。主播在人设打造过程中，最重要的是需要做到既专业又可亲。像明星那样太过于高高在上的形象反而不容易做好导购的工作。像普通人一样，缺乏专业水平，无法让粉丝产生依赖感，也做不好主播。

然后，在选定人设后就需要不断塑造和强化人设，在营销学中有一个概念叫整合营销。意思就是在生产、设计、营销、公关甚至企业管理等各个对内和对外的环节要口径一致，才能保证产品形象的真实性。对主播人设的打造，也需要使用整合营销的概念，即在一定的时间内，在所有公众场合下，都坚持主播的人设。这决定了主播在进行选品、直播用语等各个方面，都要注意与其人设相符合。

如某"美妆达人"的人设，其直播内容以在自己手上、嘴唇上试口红色闻名。据说该主播曾经因为过量涂抹和擦拭嘴唇而导致唇部皮肤出现问题。他以男性专业美妆师的视角客观地评价每款产品，即使是赞助商的也不放过，如"这支颜色一般，普通女生不一定适合""这支很常见，如果有类似的颜色可以不买它"等。推荐产品的时候他会再根据试色结果优选少量款式，不但使自己的形象显得更客观专业，也让消费者的选择更简单，往往推荐的产品都变成了爆款。经过苦心经营，他成功变成广大女性眼中的"精致男闺密"。

最后要充分发挥主播的人格魅力。人格魅力＝颜值形象＋个性能力＋表达风格。颜值和形象是魅力的基础。个性能力在主播的人格魅力形成方面具有非常重要的作用。个性能力要求主播深入挖掘自身的优点和长处，做一些其他主播没有的内容，或者在已经有的内容上比其他主播做得更好。表达风格是主播对商品进行解说时的风格特点。主播要有一个根据人设定位而形成的表达风格。而在主播进行直播带货时，需要根据所销售的商品、主播的定位等形成特定的表达风格。长期保持表达风格，有助于主播形成其人格魅力。

4. 从主播人设到个人 IP 和品牌

主播建立自己的人设，其终极目标是要形成自己的个人 IP 与品牌。个人品牌即一个人对另一个人的独特、鲜明印象，而这种独特印象在一百个、一千个，甚至更多的人都有统一认识的时候，个人品牌就建立起来了。个人品牌是一个人区别于另一个人最为独特和被认可的特质。

（1）标签化是主播打造个人 IP 和品牌的起点

主播打造个人 IP 和品牌，就是要充分利用闪光点，挖掘自己的优势和长处，找到自己的定位，给自己贴上"标签"，这样才能吸引更多的粉丝。但是主播的定位不应仅围绕自身进行，更重要的是围绕目标粉丝的心智进行。也就是说，将主播的某些标签植入目标粉丝人群的心智当中，从而让粉丝对主播形成特有的认知印象。定位就像是在墙面上敲一颗钉子，而主播的定位就是要把自己的"钉子"永远地敲进粉丝的头脑里。

标签的形成不仅是对主播个人特质的浓缩，也是主播对自身市场定位认识，以及对市场需求热度把握的综合体现。也就是说，一个成熟、成功的标签，不仅建立在主播完全了解自己兴趣和优点的基础上，更建构在主播充分分析市场或粉丝需求的基础上。成熟的标签一旦形成，其在主播活动中就具有提纲挈领的作用，主播不仅在打造自身形象的过程中注重标签中各类要素的体现，更要深化发展各类要素，使这些要素形成系统的语言习惯、动作习惯、直播场景细节，以及直播过程中侧面提及的生活习惯、各类作品包含的艺术冲突点等。

总而言之，是将标签完全细化到主播活动的各个环节，不断强化该标签特征，在与市场、粉丝直播互动过程中，不断加深和印证该标签在市场和粉丝中的内心确认。

（2）优秀的选品能力是主播打造个人 IP 和品牌的核心支撑

巧妇难为无米之炊，想直播带货，货源才是根本。一般选品的环节有精准的数据选品系统、应品而变的选品团队、细致的选品实地亲测、专属定制的内容演绎方式等，将从依赖个人经验的广泛选品向依赖大数据、专业团队的精准选品转化。利用大数据、人工智能等技术，通过对全网数据的动态跟踪，以及对直播间大数据的分析，可以建立消费者需求模型，从而找到具有爆款潜质的产品，再通过大数据对直播间进行包装，从而打造出爆款产品。

在选品过程中，主播对商品本身的品牌要有一定认知，要与主播人设有关联或者联结点。而从商品总体来看，高热度、高性价比的网红商品，对直播间的热度有重要作用。高性价比其实是价格锚点和产品功能之间的一种组合拳，本质上还是信息的不对等。不管是哪个直播带货平台，高性价比、低客单价的产品都会在直播带货中更占优势。还有很多商品，功能性强，方便实用，是高价商品的平替品，如果能够确保品质，那么其性价比就更具有优势。而在一般情况下，通用款、适用性高的产品具有更多的受众，可以作为主播选品的一个标准。当然，在很多情况下，主播（尤其是垂直类主播）在选择通用款、广泛适用的产品时需要谨慎一些，避免其在垂直领域的专业形象受到损害。

一般而言，主播应建立一个大的选品池，根据自己的个人 IP 打造需求，选择较多的品牌和产品作为备选，在具体直播过程中，根据直播主题和直播间的氛围等具体调整选品的优先级，从而使选品与个人 IP 打造相得益彰。

随着直播电商的发展，选品问题受到了更为广泛的关注。

2022 年 3 月 15 日，浙江省网商协会发布了《直播电子商务选品和品控管理规范》团体标准。标准要求，直播相关机构应当配备专岗品质管理人员，对供应商及直播商品采取必要的管理措施。同时，直播机构应建立完善的选品流程，包括对供应商和直播商品的初步审查、资质审查、试样测评或抽样检测、卖点等宣传内容审核，以及复审等相关流程。全国电子商务质量管理标准化技术委员会也制定了《电子商务直播售货质量管理规范》国家标准（GB/T 41247—2023），对直播电商的品控进行规范。

（3）持续的优质内容是主播打造个人 IP 和品牌的关键要点

如果主播可以持续产生具有连贯性和内在关联性的个人原创内容，那么他就可以成为一个领域的垂直 IP，而打造 IP 的过程就是通过持续产生个性化的原创内容，并且可以通过多平台进行内容分发从而形成对特定粉丝群的直接影响力的过程。内容的持续性输出是主播最终在直播平台上立足的关键因素之一。前面反复提到的个人特质就是直播内容的来源。电商直播平台的变现方式并不着眼于"粉丝打赏"，辅助售卖才是其更想达到的目的。在这样的前提下，直播内容需要把握两个核心——个人特质、辅助售卖。每个人可以有多种兴趣，每个人的个人特质也是一个有机的结合体。因而，每位主播能为粉丝提供的直播内容都不止一个领域，这也决定了主播针对未来的定位有多种选择。

粉丝的互动和维护是主播个人 IP 和品牌形成的重要保障。在每一场直播带货之前、之中、之后，下单数据、互动数据、评论数、点赞数都是了解粉丝需求和评价直播质量的重要数据指标，需要在复盘时高度重视。在日常运营过程中，通过图文、短视频等加强与粉丝的互动，利用私域群做好与粉丝的日常交流，都有利于增强粉丝的黏性，拉近粉丝跟主播之间的距离。

为增强粉丝的黏性，可发起话题挑战，但主播要掌握主导权与控制权。尤其是对于一些优质内容，可以通过提取话题，使之保持长久的热度。

（六）打造主播与消费者的共情能力

共情（Empathy），也称同感、同理心、投情等，是由人本主义创始人罗杰斯首先提出来的。简单来说，共情就是了解、体验别人内心世界的能力，设身处地为对方考虑，将自己带入对方的位置来体会对方的内心活动。共情是一种思维能力，也是一种探索对方心理活动的能力。拥有共情能力，可以让沟通更加顺畅，避免很多误解和矛盾。打造主播的共情能力，可以使主播更好地理解顾客，学会站在顾客的角度去思考问题，从而有效地使用共情营销手段。

共情营销，就是运用共情能力了解消费者的情感、情绪和情趣，达到与消费者或者潜在顾客心理的同频，从而促成交易。共情营销的核心是找到消费者和产品之间的共情点，即情感诉求交叉点，可以从以下几个点出发。

第一，遇到共同难题。这是主播必须常用的方法，主播应设身处地，把自己放到与消费者同等地位的状态，点出消费者所面临的难题。例如，头皮屑问题，很多主播开口就说产品的优点，这样消费者难以形成共情，很难产生购买欲望。而主播如果先说自己的问题，并说明现有产品存在的缺陷，再推出其力主推荐的新产品，即纯天然植物系去屑洗发水，那么，其营销效果要好得多。

第二，共同话题。寻找共同话题亦是主播拉近与消费者距离、快速与消费者达成共情的方式之一。在直播中从共同话题开始，引出需要介绍的产品，更容易让消费者信任，并产生购买欲望。例如，在春节到来时，主播可以从春节如何送礼开始，可以在共同情绪下，引入其所推荐的一款有机食品，通过强调这个产品的特色，说明这个产品作为礼品的恰当性，从而提高了产品的销量。

第三，共同爱好。很多网络达人，本身就是某一个领域的网红，在该领域有大量的粉丝。在其进行直播电商营销时，可以从其爱好开始，设定特定的场景，从而将粉丝带入特定的情绪之中，形成共情。例如，某马拉松高手，在圈里小有名气，在直播间，他以亲身体验，介绍一款新式跑鞋，由于他具有丰富的经验，对粉丝在跑步中遇到的问题均有所了解，从这些问题出发，他与消费者实现共情，从而提高了产品的销量。

作为一个主播，可以将自己的兴趣展示给粉丝，每一种兴趣的展示都有自己或多或少的受众。有些主播的兴趣是美妆，对于彩妆单品的运用有自己的独门心得；有些主播爱美食又会做美食，懂得食材如何处理才更健康和美味；有些主播爱好旅行，善于发掘旅行中的美好事物；有些主播深谙时尚搭配的技巧，能够把简单的、基础的时尚单品通过巧妙的改造和搭配，"化腐朽为神奇"；等等。

第四，共同的人生节点。人生总会有很多节点，例如高考、就业、结婚、生孩子、教育孩子等。很多主播会以自己的经验，从某个人生节点开始，形成与消费者的共情。例如，与粉丝一起分享孩子教育的经验，很容易引发共情，这样对推销一些特定的服务产品很有帮助。

随着生活水平的不断提高，人们的需求也逐渐从物质层面向精神层面转移。当一些主播推荐的商品逐步获得大家的信任之后，他们的影响力就会不断增大，随后就会成为粉丝所信任的 KOL。这些 KOL 在某个领域发表自己的观点会具有相当的影响力，能够影响一大部分人的选择。直播电商的高频互动与共情，就满足了消费者精神方面的需求。同时，这些 KOL 鲜明的个人特点和专业的业务能力，也被品牌方看到，"直播+KOL"这一带货形式就应运而生。相比传统平面化的电商宣传或柜台导购，直播电商更重视与消费者的互动和联系，拥有着更强烈的社交属性。对于消费者来说，主播不仅是销售，还是客服，更是试用者，某种程度上，还可以说是熟悉的朋友。

共情能力对于主播来说是非常重要的一个品质，一个优秀的主播能够真正站到消费者的角度去考虑问题，把自己代入消费者的地位，了解消费者的需求和消费痛点。通过专业的选品和分析，选择出消费者真正需要的"物美价廉"的好产品。在直播过程中，切忌夸夸其谈，陷入自身的角色无法自拔，一定要时刻关注粉丝的留言回馈，及时解决粉丝的问题，拉近自己与粉丝的距离，这样才能获得粉丝的信任，增强粉丝黏性。等下次再直播的时候，才会有更多的粉丝加入你的直播间，购买你推荐的产品，以形成一种良好的口碑。

（七）主播成长与职业认证

直播电商的快速发展，催生了主播职业的火热。但火热的背后是人才的鱼龙混杂，长此以往将阻碍行业的良序发展。近年来政府单位、直播平台都意识到主播从业人员的混杂，推出了相关职业认证。

（1）2020年7月6日，人社部联合国家市场监督管理总局、国家统计局发布9个新职业，包括互联网营销师。

（2）2021年，人社部、中央网信办、国家广播电视总局共同发布了互联网营销师国家职业技能标准。

（3）2022年4月，北京市人力资源和社会保障局印发《关于开展新职业技能等级认定工作的通知》，将对互联网营销师开展技能等级认定工作，分为五个技能等级，分别是初级工（五级）、中级工（四级）、高级工（三级）、技师（二级）和高级技师（一级）。

直播平台方面，2022年3月，淘宝直播联合阿里巴巴认证共同组织互联网营销师直播销售员四级/中级工认证考试。淘宝直播成为首家组织互联网营销师认证考试的直播电商平台。认证考试中，带货主播需要考试的内容根据互联网营销师国家职业技能标准要求设计，分为理论考试和技能考核（实操）两部分，理论考试的形式为无纸化考试，内容包含职业道德、基本知识以及相关法律法规要求。实操考试则由淘宝直播 App 承接，在真实的直播环境中进行，围绕工作准备、直播营销、售后与复盘三块职业要求，结合实际的直播操作过程设置相关考核任务。

随着职业认证的推出，主播职业将逐渐规范化，主播将向细分化、专业化方向发展。

我们调研发现品牌方在招聘主播时难以识别主播能力，对薪酬拟定把握困难。飞利浦等品牌已开始关注职业认证，并对旗下主播提出报考认证要求。

职业认证的推出，对于主播同样是机遇。职业认证为主播提供系统的学习与成长机会，通过认证的主播将有更好的从业环境。

（八）严格遵守相关法律法规

直播电商本质上是一种商业活动，这种直播销售的商业活动应受到国家相关法律法规的管控。为了保障网络环境的清净，国家出台系列法律规范、开展联合执法行动来规范网络活动。2020 年 11 月 5 日，国家市场监督管理总局发布《关于加强网络直播营销活动监管的指导意见》，明确了要依法查处的八种网络直播营销违法行为；2020 年 11 月 23 日，国家广播电视总局发布《关于加强网络秀场直播和电商直播管理的通知》；2021 年 3 月，国家互联网信息办公室、公安部、商务部、文化和旅游部、国家税务总局、国家市场监督管理总局、国家广播电视总局等七部门联合发布《网络直播营销管理办法（试行）》。这些法律法规对直播电商进行了较为全面的规范。根据这些政策法规，相关部门联合开展了多次网络直播行业专项整治和规范管理行动。为更好地开展直播电商营销，规避其中的法律陷阱，直播电商从业者有必要对直播电商涉及的各方面相关法律、带货商品的法律文献有所了解。

1. 直播营销人员（主播）的权利义务

《网络直播营销管理办法（试行）》将从事直播营销活动的直播发布者细分为直播间运营者和直播营销人员。直播间运营者，是指在直播营销平台上注册账号或者通过自建网站等其他网络服务，开设直播间从事网络直播营销活动的个人、法人和其他组织。直播营销人员，是指在网络直播营销中直接向社会公众开展营销的个人，也就是带货主播。

带货主播具有以下权利和义务。

一是要对未成年人的保护。主要体现在禁止未满十六岁的未成年人成为主播或者直播间运营者。《网络直播营销管理办法（试行）》第十七条规定，直播营销人员或者直播间运营者为自然人的，应当年满十六周岁；十六周岁以上的未成年人申请成为直播营销人员或者直播间运营者的，应当经监护人同意。

二是直播内容要真实、准确、全面，不得有违反《网络信息内容生态治理规定》和违反《网络直播营销管理办法（试行）》规定的行为。带货主播值得注意的是，在直播过程中，一定要真实、准确、全面反映商品的信息，不得虚假宣传、夸大宣传等。例如，很多直播卖货大亏实为演戏，各种虚假宣传的手段层出不穷，均属于欺骗性销售诱导行为，以虚假或者引入误解的宣传方式误导消费者，触犯了《消费者权益保护法》。

三是直播场所应该遵守相关规定。《网络直播营销管理办法（试行）》第二十条规定，直播营销人员不得在涉及国家安全、公共安全、影响他人及社会正常生产生活秩序的场所从事网络直播营销活动。在账号信息，直播间标题、封面、布景、道具，商品展示以及直播间人员着装、形象等方面，都不得含有违法和不良信息，不得以暗示等方式误导用户。

四是直播过程的互动信息要实时管理。其一，要负责对语音和视频连线、评论、弹幕等互动内容进行实时管理，避免信息违规。其二，在对互动信息进行管理的过程中，不得以删除、屏蔽相关不利评价等方式欺骗、误导用户。

五是要承担消费者保护责任。首先要对商品和服务供应商进行核查，并保留商品和服务供应商的身份、地址、联系方式、行政许可、信用情况等相关信息。其次，对消费者提出的合理合法要求应及时回应。

六是不得有侵权行为。在虚拟形象使用和自然人声音使用方面，不得有侵权行为，主要是不得侵犯他人的肖像权，不得非法利用他人的声音，等等。尤其是对自然人的声音保护，是首次在直播相关法规中提出的，很多主播在直播时需要特别注意。

2. 带货主播潜在的法律风险

由于直播带货的火爆和准入门槛低且具有广泛性和监管难度大等特点，直播带货在方便了消费者的同时，在现实中也屡屡出现虚假宣传、夸大宣传、假冒伪劣、以次充好、售后服务不完善、消费者权益难以保护、消费者取证难等问题。从整体来看，直播的法律风险主要有以下几种。

（1）行政处罚风险

直播电商要严格遵守国家相关法律规定，否则容易受到主管部门的处罚。

第一，虚假宣传是主播最容易出现的问题，容易导致行政风险。主播在直播间进行营销时，很容易出现各种对产品材质、功能、质量等进行夸大的情形，这些都可能构成虚假宣传。

第二，在直播间销售违禁产品、滥用极限词、直播内容违法等情形，也可能导致行政处罚风险。而在直播实践中很多主播为了吸引粉丝购买，会使用诸如"顶级""最佳"之类的话术，而根据广告法的规定，这属于违规使用极限词，可能受到相关行政处罚。《中华人民共和国广告法》明确规定，滥用极限词的广告可能属于虚假广告。

第三，在直播间销售不符合质量标准的商品，也会受到行政处罚。《中华人民共和国消费者权益保护法》第三十三条规定，有关行政部门在各自的职责范围内，应当定期或者不定期对经营者提供的商品和服务进行抽查检验，并及时向社会公布抽查检验结果。有关行政部门发现并认定经营者提供的商品或者服务存在缺陷，有危及人身、财产安全的，应当立即责令经营者采取停止销售、警示、召回、无害化处理、销毁、停止生产或者服务等措施。

第四，在直播间销售违禁品，可能受到行政处罚。2020年3月，市场监管总局通报了借快手直播号销售野生动物的案例。当事人谷某在没有办理营业资质、驯养繁殖许可证的情况下，在自己家承包土地开办养殖场，出于疫情原因无法销售，便在快手平台进行宣传销售。唐山市市场监管综合执法局依据《中华人民共和国野生动物保护法》等相关规定，扣押上述涉案锦鸡13只交由相关部门鉴定，并进行立案调查。

（2）民事赔偿风险

主播在直播间销售商品时，如果销售的假冒伪劣产品或者销售的产品不符合相关质量要求或者销售的产品与其在直播间所展示的商品不相符，可能要对消费者承担惩罚性赔偿责任。根据《中华人民共和国消费者权益保护法》第五十五条的规定，若经营者提供的商品有欺诈行为，消费者可要求经营者赔偿的金额为消费者购买商品价款费用的三倍；增加赔偿的金额不足五百元的，为五百元。另外，对于食品，法律还有特殊的要求，即食品应符合相关质量安全标准。根据《中华人民共和国食品安全法》第一百四十八条的规定，如果食品不符合安全标准，消费者除要求赔偿损失外，还可以向生产者或经营者要求支付价款十倍或损失三倍的赔偿金；增加赔偿的金额不足一千元的，为一千元。例如，市场监管总局调查发现，有的主播直播销售的减肥食品非法添加西药成分，针对这种情况，如果消费者要求，主播或其团队可能要承担十倍的赔偿责任。

（3）刑事责任风险

主播在直播间销售违禁品、销售不安全食品、违规销售药品等行为，均有可能导致刑事风险。

《中华人民共和国刑法》第一百四十三条明确规定，生产、销售不符合食品安全标准的食品，足以造成严重食物中毒事故或者其他严重食源性疾病的，处三年以下有期徒刑或者拘役，并处罚金；对人体健康造成严重危害或者有其他严重情节的，处三年以上七年以下有期徒刑，并处罚金；后果特别严重的，处七年以上有期徒刑或者无期徒刑，并处罚金或者没收财产。

2021年12月，浙江省杭州市税务局稽查局经税收大数据分析发现，网络主播黄薇（网名：薇娅）通过隐匿个人收入、虚构业务转换收入性质虚假申报等方式偷逃税款6.43亿元，其他少缴税款0.6亿元，依法对其做出税务行政处罚，追缴税款、加收滞纳金并处罚款共计13.41亿元。此事给带货主播敲响了警钟。网络不是法外之地，作为公民一定要严格遵守依法纳税的基本义务，否则就会受到法律的严惩。

综上，法律红线不可逾越。不管从何种角度看，国家、社会对于直播电商都有许多规范制度。因此，主播应该提高对直播电商涉及的法律问题的重视，了解、学习直播电商涉及的法律知识，加强直播电商法律规范学习，从而保证其行为的合法性。

八 直播电商发展趋势

直播电商经过七年多的发展，已进入一个新的发展阶段，呈现出几个明显的趋势。

（一）行业用户数量持续增加，普及率接近饱和

根据中国互联网络信息中心的数据，截至 2023 年 6 月，中国网络视频用户规模为 10.44 亿人，较 2022 年 12 月增长 1380 万人，占网民整体的 96.8%。其中，短视频用户规模为 10.26 亿人，较 2022 年 12 月增长 1454 万人，占网民整体的 95.2%。根据 QuestMobile 的数据，短视频行业依旧是用户使用时长最长的行业，2022 年 12 月短视频行业总时长占全网总时长比例达 28.5%，较 2021 年 12 月占比增加 2.8 个百分点，远远超过即时通信总时长占比的 20.7%。

同时，直播用户规模也不断扩大，中国互联网络信息中心数据显示，截至 2023 年 6 月，中国网络直播用户规模达 7.65 亿，较 2022 年 12 月增长 1474 万人，占网民整体的 71.0%。

直播用户规模的扩大带动了直播电商的快速增长。截至 2023 年 6 月，直播电商用户规模达到 5.26 亿，较 2021 年 6 月增长 1.42 亿，占网民整体规模的 48.8%。

（二）直播电商正在成为电商零售增量的核心来源

直播电商已成为生活消费的重要方式，近几年的飞速发展使其为促进消费助力。中国直播电商交易规模在 2017 年至 2023 年期间增长了 100 倍以上，为电商规模增长贡献了主要力量。据商务部数据，2023 年 1—10 月，中国直播销售额超 2.2 万亿元，增长了 8150 亿元，同比增长 58.9%，占网络零售额 18.1%，拉动网零增长 7.5 个百分点。同期，中国网络零售额的增量为 1.24 万亿元。也就是说，中国电商的增量中，已有 2/3 以上来源于直播电商，这说明传统电商模式的增长速度已非常慢，甚至已低于社会商品零售额的增长率。

近年来，受疫情以及其他外部环境影响，消费增长动力不足。2022 年全年社会消费品零售总额为 44 万亿元，比上年下降 0.2%。网上购物仍保持逆势增长，2022 年全国网上零售额 137853 亿元，比上年增长 4.0%。其中，实物商品网上零售额 119642 亿元，增长 6.2%。在实物商品网上零售额中，吃、穿、用类的商品分别增长 16.1%、3.5%、5.7%。网上消费场景越来越重要，中国网上实物零售额占社会商品零售总额比重越来越高，2015 年比重仅为 11.31%，2022 年增长至 27.20%，增长了 15.89 个百分点（见图 8-1）。

在线上消费场景中，直播电商等新场景逐渐成为消费增长贡献的主力军。近年来中国网络零售额承压上行，增长速度放缓明显，2017 年增长率为 39.17%，2022 年仅为 4.00%。而直播电商则持续保持高速增长，2022 年 GMV 增速约 48%（见图 8-2）。

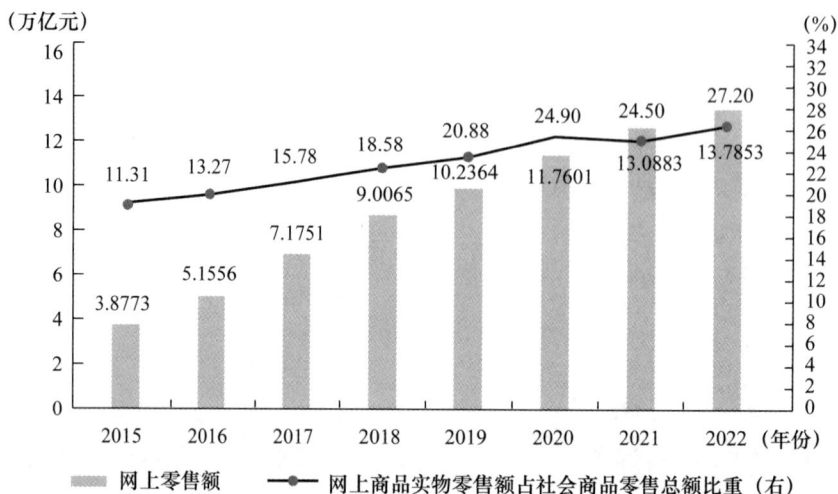

图 8-1 网上零售额及其占社会商品零售总额比重

资料来源：国家统计局。

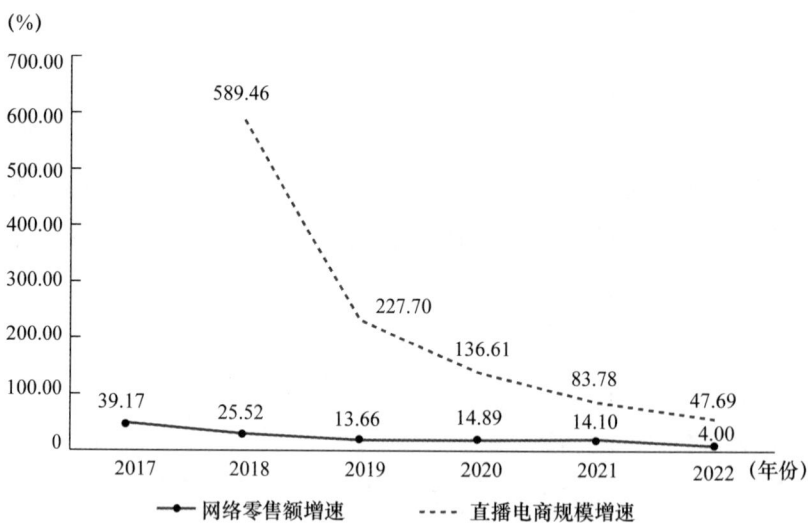

图 8-2 直播电商增速与网络零售额增速对比

资料来源：国家统计局。

直播电商以视觉化商品内容为核心，聚焦商品内容运营和兴趣内容推荐，以激发兴趣为出发点，呈现了"货找人"的核心特征，从而大幅缩短了产品销售链路。直播电商能够拓展消费人群、挖掘消费需求等，进而推动消费增长。直播电商消费很多属于消费者在直播间氛围下的冲动性购买，对消费本身就是一种促进作用，根据笔者小规模调查，直播间的销售总量中，有30%—50%属于冲动性购买，这些购买直接带来了消费增量。

直播电商有利于拓展新的消费人群。从推动消费增长来看，拓展银发族消费是一个重要的举措。据第七次人口普查数据，2020年年底，中国60岁及以上的老年人口26402万人，占总人口的比重为18.7%。其中，65岁及以上人口为19064万人，占总人口的比重为13.50%。截至2020年，中国成为世界上唯一一个老年人口超过2亿人的国家。但是，在银发消费方面，中国市场仍不成体系，不但缺乏专门针对老年人的消费平台，也缺乏根据老年人特点开发出来的新产品。直播电商在拓展老年人上网消费方面仍有较大的空间。根据中国互联网络信息中心的数据，截至2021年12月，中国60岁及以上老年网民规模达1.19亿，占网民整体的比例达11.5%，60岁及以上老年人口互联网普及率达43.2%。[①] 直播电商的门槛要低于图文电商，在促进银发消费方面理应能够发挥更大作用。

直播电商有利于营造消费新场景，从而推动消费者购买，促进消费。通过直播向消费者立体地展示产品，将增加消费者的临场感，从而增加其决策依据。并且通过直播间主播的导购及与消费者对话，可营造如同线下现场购物般的场景，为消费者提供更详细的商品信息，直播间团队还可通过秒杀、限量、限时优惠等多种方式，构建消费者的紧迫感，使消费者快速做出决策。

直播电商有利于挖掘新需求，推动新品类消费，从而使消费向更深处发展。消费者在观看直播时，往往没有特定的目标，

---

① 《第49次〈中国互联网络发展状况统计报告〉发布：我国网民规模达10.32亿》，2022年2月25日，央视新闻，http://ysxw.cctv.cn/article.html? item_ id=7639353083632490321。

而是存在消遣、猎奇心理。对于消费者来说，在观看直播或直播预告前，多数情况下并不知道直播间将要展示什么样的产品。当被直播间的产品讲解吸引时，其需求感可能会被激发，从而产生购买行为。这一定程度上激发了消费者冰山下的隐性需求。正因为如此，很多从前不被消费者接触或较少关注的产品，借助直播电商得以发展，形成了国潮兴起、老牌复苏、农产品消费热等趋势。对很多新品类的产品而言，在上市之前，品牌商与消费者之间信息严重不对称。直播电商团队可以第三方的身份，对产品质量进行甄别，对产品材质、安全性等各个方面进行检验，对产品进行试用，等等，为消费者提供更为丰富、生动、真实、可靠的产品信息，并将这些信息传递给消费者，从而促使消费者做出购买决策。在直播间，原来一个个静态的商品变得活灵活现，赋予了每个产品一定的生命力。用户面对的不再是一个个单调的文字说明和图片展示，而是主播生动详细的讲解以及产品的试用体验，这有利于将一些新产品快速地普及给社会公众。

由于直播实时性、互动性强的特点，部分小众类目商家也开始将直播作为重要的运营方式，这不仅丰富了直播电商的内容，也让这些小众类目的经营模式发生了巨大的改变，并拓展了更多的用户，从而推动了整个消费水平的提升。如在淘宝直播平台，DJB娃娃定制、宠物貂、雕刻、书法、多肉植物等小众品类通过直播电商获得了快速发展。

从本质上看，直播电商通过"货找人"的逻辑，为广大用户推荐有趣、有用的、很多消费者未接触过的新奇产品，展现在消费者面前，让消费者感叹："还有这样的产品，早知道就好了。"比如"开果子神器、捣蒜器、穿针器"等各种神器，为消费者提供了各种生活便利。直播电商通过直播团队对产品的种草及产品信息的立体展示，帮助消费者快速构建产品认知，使消费者发现未知但有用的产品，这在一定程度上激发了消费者冰山下的隐性需求，对促进消费具有积极意义。

直播电商有利于建立信任机制，增加交易可信度，从而降低交易成本，促进消费。直播电商通过主播团队，建立了一种新的信任机制，这是一种合作型信任。这种合作体现在两个方面。一是主播与商品或服务生产者之间的合作关系。主播在直播间销售商品或服务之前，必须对商品或服务有充分的了解，因而他与商家之间必须有一个基本的合作机制。二是主播与粉丝或消费者之间的合作关系。直播电商的特定模式，使主播与粉丝或消费者之间不是单纯的买家与卖家的关系，而是一种合作共享关系，这建立了新型的信任关系。正是这种关系，使直播电商不同于传统的电商模式和线下商业模式，从而缩短了社会价值转化流程，大幅度地降低了交易过程中的信任成本。

（三）直播短视频的内容多样化

随着直播短视频行业的不断发展，消费者对于内容质量要求更高，注重优质内容创作的直播短视频主播频频走向成功。在直播短视频内容质量不断提升的同时，直播短视频的内容种类也逐渐多样化。年轻人是直播短视频的主要观看者，传统的短视频、直播类型已经无法满足年轻人的观看需求，因此涌现出了各种新的特色内容，如知识分享、测评电商、盲盒开箱等。这些不同类型的视频内容符合不同用户的口味和需求，从而为用户提供更加丰富多彩的视频观看体验。以测评短视频为例，在购买商品之前，先在直播短视频平台观看"种草"或"拔草"视频已经成为许多年轻人的购物习惯。主播通过购买、测评各类网红产品并分享使用体验，来帮助消费者鉴别商品的质量、实用性等，并告诉消费者哪些产品值得购买，哪些商品可能会"踩坑"。盲盒开箱则是伴随着潮玩产业的兴起产生的一种短视频创作形式。由于盲盒开箱类短视频能够通过视角语境的转换和开箱时惊喜的呈现，带给消费者及时反馈和共享体验的感觉，拓展想象空间并为消费者带来认同社交价值，因此也得到许多年轻人的喜爱。

随着直播电商的进化，以流量为王的运营思路收获的结果却常常不尽如人意，而注重内容质量的直播间却频频走向成功。以抖音平台为例，东方甄选的异军突起，是以高质量内容输出而获得成功的代表。产生这种现象的原因主要有三方面，一是供需关系的变化，二是消费者认知的成长，三是平台价值导向。

从供需关系看，直播带货早期，新模式的参与者较少，流量相对容易获取，只要内容能吸引眼球便能获得流量，而只要直播间流量够多，通过低价、福利、种草的引导，就能吸引较多的消费者埋单。如今，大盘流量见顶，而直播电商的参与者众多，消费者可选空间变大，获取消费者信任的门槛提高。

从消费者认知看，直播电商早期，新颖的模式、新奇的内容，容易吸引消费者停留，而消费者相对较为信任明星、达人，再加上直播间的各种引导、逼单手段，消费者容易产生冲动性消费。而当下，消费者面对同质化内容、劣质内容容易产生疲惫感，甚至萌生抵触心理，再加上发展中的直播电商出现的各种乱象，使直播间要吸引到消费者并取得其信任的成本增加。

从平台价值导向看，留住用户是平台的核心价值之一。早期平台创作者少，平台对内容的监管较为粗放，只要能引起用户注意的便推荐，对内容质量的评判以播放数据为主。随着监管的逐渐严格和消费者兴趣阈值的提升，平台不得不重视内容质量，并开始从多个维度立体地评价内容质量。以抖音为例，2022年抖音推出了全域兴趣电商的概念，并加码了内容权重，以避免低质量内容消耗用户对平台的兴趣和信心。2022年抖音发布了《电商优质内容说明书》，细化了内容质量评判标准，其评判维度包括图片质量、声音质量、商品品质、作者影响力、信息价值、品牌价值、直播交互、文本质量等。淘宝直播为优质内容倾斜资源，在 2022 年淘宝直播盛典上，淘宝直播 2.0 "新内容时代"正式发布。在淘宝直播 2.0 时代，内容好、转化高的直播间将获得更多的公域流量，改变了过去主要看成交指标的流量标准，转变成了成交、内容双指标。

　　总结上述三方面，可以看出高质量的内容得以成功并非巧合。优质内容有助于直播间获取精准的用户，降低获客成本；有助于影响用户心智，降低转化成本；有助于建立竞争门槛，实现差异化竞争。以东方甄选为例，新东方转战直播电商，推出东方甄选，3 个月带货 20 亿元，一举成为直播电商的佼佼者。其以内容破圈的方式堪称经典。东方甄选开启直播电商并不是以叫卖方式销售产品，而是以娓娓道来的方式直播，依托老师群体深厚的知识积累，一边讲解知识，一边带货，宛如出淤泥而不染的荷花。让直播间的观众不仅能受到文化熏陶，还能享受讲解带来的美好意境。如董宇辉在讲解大米时的一段文案，拿出来就是一篇优美小作文："我没有带你去看过长白山皑皑的白雪，我没有带你去感受过十月田间吹过的微风，我没有带你去看过沉甸甸地弯下腰，犹如智者一般的谷穗，我没有带你去见证过这一切，但是，亲爱的，我可以让你品尝这样的大米。"这样的直播内容不但优质、稀缺，还难以复制，能够迅速构建起直播间的差异化竞争力与壁垒。尽管东方甄选的成功不全是内容的功劳，但内容在其中的作用不言而喻。东方甄选凭借优质内容，受到了抖音流量广场的更多推荐，根据飞瓜数据，东方甄选直播间 71% 的观众来自流量广场分发。

　　从平台来看，各个平台也关注了直播电商内容化的重要性。例如，在 2023 年淘宝直播狂欢季中，淘宝直播提出了一个新的概念，即"AB 双面狂欢"，将直播电商的购物与内容体验二者综合起来，为了强化内容体验这一方面，淘宝直播还引进了第十九届中国吴桥国际杂技艺术节、TVB 56 周年台庆等内容直播，从而进一步提升淘宝直播的内容质量。淘宝直播还引进了

大量高质量的专业内容，截至目前，淘宝新增引入医生、健身
教练、营养师、老师等专业身份和经验爱好创作者超过 2000
名，所发布的专业内容超过 50 万条，从而提高了内容的质量。
在抖音平台，通过与腾讯视频达成合作协议，加大二次创作的
支持力度。

（四）直播短视频的多平台联动化

在创作优质内容的同时，领先的主播也十分重视优质内容在
不同平台间的传递和全网的联动传播。直播短视频行业将自己的
内容推广到其他平台（例如抖音、微信等），能够获得更多用户
的关注和口碑推广。对于主播而言，通过短视频在多平台传播实
现内容的全网分发，可以在垂直领域不断积累订阅用户，形成私
域流量蓄水。主播在全网分发直播预告短视频，可以帮助其提前
锁定一部分的用户预订，积累一定的忠实用户群体，这些忠实用
户对于每场直播初期的氛围和成交量能够产生比较大的助益。例
如，作为直播电商内容化的一个标杆，东方甄选在内容化方面具
有重要意义。而其内容化过程，也加大了与电商平台的合作，
2023 年 8 月 29 日，东方甄选在淘宝直播开始带货，GMV 达到
1.75 亿元。这说明了内容与直播电商之间的深度融合。

此外，主播可以通过短视频内容在全网的传播形成更完善
的定位和人设。如博主类账号，通过短视频来塑造和完善人物
设定，以此在用户心中建立相关领域意见领袖的印象，强化信
任感。对于品牌类账号而言，通过短视频内容全网分发，可以
沉淀品牌资产。品牌商家通过短视频内容，讲述品牌故事、理
念和价值观，从而使消费者形成更好的品牌心智。直播短视频
对品牌、产品相关信息的多媒体形式的展现（如产品使用演示
或产品的开箱记录视频），能够增加用户对品牌和产品的了解，
抢占用户心智，影响消费者购买决策。

（五）直播短视频的短直联动化

在强调内容的直播短视频业态下，短视频与直播融合发展是必然趋势。在各大直播短视频平台上，短视频加直播都是基本功能，短视频与直播已成为共生关系。直播与短视频在覆盖时间、内容、展示渠道、制作方式、观看人群方面的差异性，使二者具备互补性。随着内容成为直播短视频的竞争焦点，短视频和直播在内容上形成互补将发挥更大作用，获得更好的带货效果。可以说，直播短视频推动电商从商品数据化 1.0 向商品数据化 2.0 转型，成为电商发展的标配。从直播电商视角来看，直播是引导成交阵地，短视频是宣传、种草阵地。短视频以精彩浓缩的内容吸引用户，为直播带来流量、增加粉丝，而直播可以为短视频提供内容素材，并直接引导成交。可见，深度挖掘并利用短视频的流量优势，快速、有效地发挥短视频在流量端口的巨大作用，将直播短视频联动起来，将是直播短视频电商发展的一个重要方向。

随着直播电商的演进，头部平台之间的区别正在弱化，以内容电商为主的抖音、快手逐渐完善自身的电商体系；传统电商的淘宝，内容板块也已具备一定规模。各平台都在强调电商和内容的结合。直播电商生态的内容形式包括直播、短视频、音频、图文等，直播与短视频同时具备听觉、视觉内容，比音频、图文展示的信息更为多元立体，因此成为电商信息展示的热门工具。将二者恰当结合，将实现协同创效，助力电商业绩增长。

直播、短视频之间的差异性互补是二者协同创效的基础。二者之间的差异性主要体现如下五个方面。

1. 覆盖时间的差异

直播具备实时性、互动性特点，需要主播团队实时在线，因此通常开展时间有限。尽管商家为延长覆盖时间，采用主播轮值开播的形式，但由于成本边际效应，难以覆盖全天。当下各平台提供了直播回看功能，但回看整场直播时间冗长，且直播回看不具互动性，观看人数有限。相较直播，短视频拍摄后上传服务器即可随时观看。

2. 内容差异性

电商直播的主要内容通常是商品展示和讲解或产品使用场景展示及教学，穿插互动及其他内容，直播具备现场引导特性，对促进成交效果较好。而短视频内容相对宽泛，可涉及主播、产品等相关的方方面面。短视频内容可以补充直播内容、加强主播人设、增加产品专业知识、进一步种草商品等。相较直播，短视频内容更为精练，更具编排性，对吸引停留观看效果好。

3. 展示渠道不同

直播依赖于直播平台的直播间。而短视频在直播平台的短视频频道发布的同时，还可分发到站外内容平台。

4. 制作方式不同

短视频可以进行后期效果处理，使用特效等制作方式，具有更大的丰富性和生动性，而直播具有实时性、真实性与互动性。二者在内容表现方面，可以进行全面融合与互动。

5. 观看人群不同

首先，在总人数方面，短视频的观看人数远大于直播观看人数；其次，有的人喜欢看直播，有的人喜欢刷短视频，人们对内容形式的偏好并不一致；最后，由于展示渠道不同，观看内容的人群也存在差异。因此直播与短视频在观看人群上具备互补性。

上述不同，使直播与短视频具备协同创效的基础。

从数据上看，短视频直接引导成交的效果不如直播间。根据 2021 年抖音电商内部数据，短视频购物车渠道带来的销量仅占整体 GMV 的约 8%，而点淘短视频带来的直接销量在各品类之间的差异比较明显，最突出的生鲜类能占到品类销售 GMV 的 20%，其他类别则相对较少。但短视频具备的全网种草、人设打造、引流优势，对电商直播效果的提升明显。以淘宝直播的女装主播夏诗文为例，其发布的点淘短视频平均每条有 20 万人次的观看，直播账号通过短视频涨粉量能占整体涨粉量的 1/4。新主播郎永淳，在开播之前，通过系列消费安全知识、好物种草相关短视频，在点淘快速收获数万粉丝，多条视频播放 50 万+，快速完成新账号人设建立和精准粉丝人群沉淀，开播当天，来自点淘侧的短直流量和成交双双占比超过 60%。具体来看，短视频的主要作用有以下几个方面。

（1）帮助账号形成更完善的定位：如博主类账号，通过短视频来塑造和完善人物设定，制作在一定垂直领域内对用户有价值的内容，常见的有知识技能分享、产品评测等，以此在用户心中建立相关领域意见领袖的印象，强化信任感。如果是品牌类账号，则通过短视频对品牌、产品相关信息进行多媒体形式的展现，常见的有产品使用演示或产品的开箱记录视频，来增加用户对品牌和产品的了解，抢占用户心智、影响消费者购买决策。

（2）完成粉丝的私域流量沉淀：短视频作为例行更新的内容，在垂直领域不断积累订阅用户，形成私域流量蓄水。同时这种对用户的积累可以是全网跨平台的，以淘宝头部主播李佳琦为例，直播是在淘宝平台进行，但通过短视频在抖音（4400万）、快手（850万）、点淘（526万最爱粉）、微信公众号与视频号（1000万）吸引了大量的订阅用户。

（3）直播预热与导流：在直播前 1—3 天在各个平台发布强

导流型直播预告，提前锁定一部分的用户预订，结合各平台和第三方工具软件的开播提醒，在直播开始的初期完成每场直播的初始用户群，而且是较为忠诚的用户群。前期的忠实用户，对于每场直播初期的氛围和成交量都有比较大的助益，这也帮助直播间得到更好的平台算法评价，以获取更多的推荐流量支持。在直播的过程中，也可以将直播过程中的数据高光片段、趣味片段，或者名人互动片段等，进行短视频剪辑后发布，通过短视频的自然流量和投放在短视频端的付费流量（在抖音是DOU+，在淘宝是阿里妈妈超级短视频），吸引更多的用户进入直播间。

（4）品牌商单和信息流投放引流：如果是品牌商家，还可以与其他达人进行短视频引流的商单合作，在全网进行达人视频的采买投放，同平台的达人视频都会将用户引导到商家店铺，淘宝直播时更是可以将淘内达人的短视频观众进行强加权导流进入商家直播间，更有点淘首页、发现好物等多个入口。也可以通过信息流广告渠道投放短视频切片素材，吸引用户进入直播间。

内容好的短视频有机会获得淘宝站内外的推荐。从平台对短视频的推荐机制来看，主要的评判标准一般为账号权重和对具体单条内容的评价。品类、账号活跃度和长期内容评价的反馈构成了账号本身的权重体系，而单条内容的精良程度、用户观看完播的比例和互动数据是对单条内容评价的核心指标。总体来说，定位清晰、质量高的内容会获得平台更多的曝光机会。

种草内容即通过短视频推荐商品，引导用户关注购买。通常商家使用较多。从整体来说，短视频具有跨越时空的特点，能够以立体化的方式吸引用户来体验，在种草方面具有优势。

人设内容即将形象、声音、故事、知识等做成个性化内容，用来打造主播、账号或品牌"人设"。通常达人主播使用较多。

泛娱乐内容在淘宝直播通常是通过抓住娱乐热点，将商品与热点链接，并借势营销。如《小敏家》热播时，周迅的穿搭被剪辑成内容，并加以讲解，链接同款。又如二奢主播安洁利田哥，站外某个剧火了，将剧里女主背的包进行盘点，把影视素材加上专业解说做成短视频在点淘发布，从而获得不错的浏览效果。

在直播、短视频协同玩法上，有以下重点需要关注。

1. 短视频预告

（1）直播平台提供预热功能，其中包含短视频预告，可通过发布预告短视频让用户提前了解淘宝直播内容，并能有效地引流，助力开播。

（2）商单短视频：达人定制。例如，淘宝直播推出了达人定制短视频服务帮助品牌商家获取更大流量资源。达人包括点淘达人和站外达人，如抖音达人。商家可通过定制短视频将商品或直播预告等植入达人短视频内容，为直播间引流。在此服务中，点淘小二 1V1 专人跟进，帮助完成选号、脚本、样品、视频发布等服务。在此服务中，商家只需要货值置换。如鸿星尔克小白鞋定制的腰部达人视频，单视频触达超 71 万人。

2. 直播看点剪辑

例如，直播看点是淘宝提供的剪辑直播内容的简易工具，在直播中、直播后都能对直播内容剪辑形成单品讲解、有趣片段、高光片段等内容。这为商家生产内容降低了成本。内容同样可在站内、站外发布引流。

3. 短直即时互动

除了短视频开播预告，直播团队还可以在直播的同时发布短视频，这对具备一定基础流量的账号尤为重要。比如一个服装账号直播时会讲解十多款甚至几十款产品，在开播前，准备各个产品的介绍视频或相关视频，在直播讲解某产品前十多分钟将提前准备的相关短视频发布。这样做有几个好处，一是为直播间获得精准流量。看到短视频的用户，如果对内容有兴趣，将可能进入直播间，直播间此时存在较大概率正在讲解其感兴趣的产品。二是为账号带来更多的免费流量。直播间用户有较大概率看到发布的短视频，从而使短视频具备一定的基础播放量，有助于平台算法为账号推荐更多的免费流量。

随着流量资源越来越珍贵，电商玩家在争夺流量时不能再依赖单一流量来源。通过多渠道甚至全渠道营销，将是大势所趋。直播与短视频协同玩法是大势中的一部分，也是当下仍存在红利的一部分。

在强调内容的直播电商业态下，短视频与直播融合发展是必然趋势。在各大直播电商平台上，短视频加直播都是基本功能，短视频与直播已成为共生关系。

短视频所满足的是更加碎片化的用户需求，而直播所满足的是用户完整的需求，两者之间的互补，给予了用户在内容上更多的选择。如今直播电商走向专业化、精细化，内容的运营已逐渐覆盖全域，直播与短视频融合运营已是直播电商的玩法基础。

从实践来看，现在主流的直播电商平台都在持续布局短直（短视频和直播）联动。以淘宝为例，短直联动的策略已初见成效。"双11"期间，头部美妆品牌短视频播放人群相比6月增长350%，短视频人群进入直播间后成交转化率是直播间整体的1.6倍。今年已有超过20万达人和1000家专业机构入驻淘宝，他们中有的人仅有千粉也能接到商单。而在抖音电商，短视频与直播联动已成为一种常态。

（六）直播短视频主播的身份多元化

一方面，主播对直播短视频电商而言至关重要。直播短视频电商是以人为驱动的，对于直播短视频平台，主播在消费者决策中起着重要的作用。就泛娱乐平台而言，消费者决策很多时候都是基于对主播的信任，在这个过程中，消费者的购物需求可能并不明确，很多是因为主播的推荐而产生的临时决策性购买。在这个链条里，主播的作用非常重要，如吸引粉丝、导流、商品解说等。就电商平台而言，很多消费者都是基于对商品的需求而下单，主播承担了导购、促销、发现等多方面的工作。直播在这个过程中，发挥了更为直观、可信、丰富立体、双向沟通的商品信息传递渠道作用。现在主流的直播短视频电商模式是以聚合商品需求为特征的"货带人"直播模式，尤其是自 2022 年以来，以东方甄选为代表，兴起了一种新的直播短视频模式，这种模式更强调主播的作用，尤其是主播所传播的内容的作用。

另一方面，头部主播存在着"主播悖论"。头部主播拥有一定的影响力和话语权，为了销量和收益，往往会为消费者向品牌争取一个较低的价格。对品牌而言，与头部主播合作将带来销量的极大提升，但同时也面临着低价、高佣金和坑位费。头部主播话语权越来越大，极易导致利益分配机制不健全、价格体系混乱、主播之间发展不均衡等问题。且主播在销售链条中分配的蛋糕越来越大，也与直播短视频电商的基本逻辑相悖，直播短视频电商的基本逻辑应是舒展供应链，缩短营销链。此外，品牌过度依赖头部主播将给自身带来一定风险，"花西子眉笔"事件就是个很好的例子。

（七）直播短视频积极向海外拓展

随着直播短视频行业的不断发展，海外市场成为新竞争高地。海外市场成为直播与短视频领域的差异化竞争核心，目前国内的几大短视频直播平台纷纷进攻海外市场。从市场选择来看，东南亚、拉美、中东等新兴市场炙手可热，涵盖直播、短视频的海外社交产品，正成为文化交流传播的新阵地，中国文化和创作加速融入世界舞台。在平台出海和跨境电商领域，以Shein、阿里速卖通、拼多多旗下的 Temu 和 TikTok Shop 为代表的"跨境电商 B2C 四小龙"的迅速崛起，形成了中国跨境电商的新平台方阵。Shein 发挥中国高度灵活敏捷柔性供应链的优势，以"小单快反"的模式，在跨境电商市场中占据了一席之地。2022 年 9 月 1 日，拼多多跨境平台 Temu 已经进入美国、加拿大、澳大利亚、非洲等市场。阿里速卖通已覆盖全球超 200 个国家，海外买家数量超 1.5 亿，在俄罗斯、西班牙、法国、波兰等国市场份额领先。TikTok Shop 全球用户数及时长也在持续高速增长。根据《TikTok Shop 跨境电商 2023 年度策略》，自 2022 年上半年东南亚开放跨境电商入驻以来，全年 GMV 月均复合增速近 90%。除四小龙之外，快手短视频也在加速出海，快手海外直播业务已完成基础设施搭建，预计未来电商模式跑通后，快手直播短视频电商将迎来更大发展。

（八）直播短视频的生活化

直播电商精耕生活消费，与各产业融合发展。直播与短视频平台深度嵌入生活消费，融入"吃住行游购娱"：拉动以本地生活为主的"新型消费"；在本地招工、房产经纪等新领域帮助匹配行业供需关系；以短视频"种草"助力文旅推广、升级、拓新。同时，直播与短视频行业不断创造新的经济、社会、文化价值，持续在数实融合、就业创业、乡村振兴、非遗焕新、国潮出海、公益普惠、价值引领等多领域释放动能，与各行各业共融共生。就本地生活服务而言，直播短视频开始全面渗透到外卖、即时零售、餐饮、旅游、家政等消费领域。人们日常生活中的餐饮、娱乐等本地生活服务消费走上直播电商道路，以及抖音、美团等头部平台纷纷入局本地生活直播，对促进消费起到了积极作用。以餐饮为例，传统的餐饮线上营销一般是通过事先推出某类折扣券，供消费者有购物需求时进行购买。而直播电商给餐饮业带来了线上销售新方式，通过直播达人探店和主播试吃等方式，可以从视觉上刺激消费者的感官，使消费者形成消费意愿，从而反哺线下客流量。此外，相较于传统的线上卖券，通过直播间向消费者推出优惠套券，商家的可操作空间更大，更容易刺激消费者的购买欲望。可以说，本地生活直播促进了"线上引流+直播带货"的消费新模式，实现了对线下门店的营销和推广，并优化了用户的购物体验，使线下门店流量增加。

一是直播电商渗透人群越来越广。截至 2023 年 6 月，直播电商用户规模达到 5.26 亿，基本覆盖全国各地、各年龄段人群。在整体网民中渗透率达到 48.8%。直播电商通过渗透进居民生活，影响着人们的生活消费方式。首先，直播电商改变了人们的购物习惯，消费者一边看直播一边购物的消费方式逐渐养成。其次，通过直播电商引导，形成了新的消费潮流，如当下火热的"国潮""平替"等。2023 年年初，抖音电商发布的《2022 抖音电商国货发展年度报告》显示，2022 年，抖音电商上的国货品牌销量同比增长 110%。在平台助力下，国货品牌不断升级和创新，老字号品牌销量同比增长 156%，新锐品牌销量同比增长 84%，平台鲜花园艺、个护家清、运动户外、母婴宠物、智能家居类国货受到消费者的广泛喜爱。直播电商兴起的"源头好货""大牌品质"，在直播间种草的优质平价国货，也获得了消费者的价值认同，改变了消费者追求高端奢侈的消费习惯。

二是直播电商带货场景和覆盖品类的多样化。一方面，直播电商带货场景日益丰富，专业直播间、工厂、店铺、档口、原产地甚至舞蹈室、健身房等都成为直播带货的重要场景，这些围绕直播内容打造的直播场景更贴近消费者的日常生活。另一方面，直播电商品类覆盖生活的方方面面。据商务部数据，

2022 年, 直播商品超 9500 万种。直播电商几乎已实现全品类覆盖, 不仅包含服饰、食品、美妆、数码、百货等常见商品, 玉石、本地生活等传统电商渗透率不高的新品类也不断涌现。除了普通的商品和服务的直播带货外, 金融业直播也开始出现。银行等金融机构开始在网络直播间推介各类贷款产品, 这些机构不仅包括各类商业银行, 还包括助贷平台等。从直播的金融产品来看, 主要为信用卡和消费贷款。由于金融产品的特殊性, 信贷产品的直播可能带来宣传误导、非理性贷款、个人信息泄露等问题, 因此需要进一步加强监管。

三是本地生活直播内容的兴起。自 2021 年 "本地生活服务" 上线短视频平台抖音后, 迅速受到了用户的青睐。本地生活直播通过与线下实体门店承接, 在线上吸引消费者并出售消费券, 能够带动线下实体店销量的增加。直播电商平台的同城定位等功能会把本地生活直播推送给附近的用户, 这对于以线下营销为主要营收渠道的餐饮业而言, 获客精准度更高。除餐饮业以外, 酒店旅游等生活服务类相关业务的直播也开始兴起。根据商务部数据, 2023 年上半年, 在线餐饮销售额同比增长 27.9%。在线旅游产品和景点门票、在线文娱销售额同比分别增长 272.4% 和 69.8%, 比第一季度分别增长了 156.6 个百分点和 50.6 个百分点。在平台领域, 以抖音、美团、阿里本地生活等为代表的平台企业, 都加大了本地生活直接的支持力度。例如, 在抖音生活服务组织架构最新一轮调整中, 将酒店旅游升级成为生活服务的下一级部门。2023 年 "6·18" 期间, 抖音直播间中, 酒旅相关业务开始频繁出现。杨子与黄圣依直播间先后带货旅游专场和迪士尼旅游专场, 分别创下 1.04 亿元和 1.52 亿元的 GMV。除抖音外, 短视频平台快手和本地生活服务类平台美团也开始布局本地生活直播, 可以看出, 本地生活品类的直播带货正在成为直播带货赛道的新趋势。

（九）直播短视频电商的社区和圈层化

主播基于其所传播的内容带来的影响力以及所形成的兴趣圈子对于直播短视频电商而言越来越重要。从未来发展来看，基于知识和信任联结起来的网络虚拟社群，将是直播短视频电商发展的一个重要方向。小红书就是一个在社区和圈层中自然生长起来的直播短视频电商平台。小红书是先以用户通过直播短视频方式分享生活、分享内容，进而延展出买手和相关带货链接。与其他平台的买手相比，小红书里面的买手原先其实是用户，因此更加理解用户的细分需求，通过用户的细分需求知道构建什么样的购物场景才是好的，以及其作为买手本身需要提供什么样的价值和商品。某种程度上来说，是用户的需求构建了小红书电商。正如小红书电商业务负责人柯南所说，小红书要做的电商，绝非传统意义上货架逻辑的电商，而只能是从社区生态中"长"出来的电商——它需要服务社区价值、天然地更靠近用户，而非单纯只服务好商家。根据这样的顶层逻辑，小红书打通了社区和电商的链路，在内容去中心化的社区里，商家得以有丰富的展现形式。小红书的直播短视频电商之路，是一种与用户深度共创并且对社区的特质进行分析后探索出来的一种新型直播短视频带货方式。正是这些有质感的、能够进行种草的、像朋友一样分享的直播带货，而非传统意义上单纯以低价、促销为导向的直播带货，给小红书直播带货带来了高客单量、高转化率、高复购率和低退货率。

（十）直播电商探索微短剧赛道

微短剧是指单集备案时长在 20 分钟以内①的网络影视作品形

---

① 广电总局在"重点网络影视剧信息备案系统：网络微短剧板块"中，对微短剧时长的描述。

态。微短剧具有"短""爽""下沉"等特点，很好地抓住了用户碎片化的娱乐时间，成为当下的流量新宠。根据《2024 中国网络视听研究报告》，经常观看微短剧的用户占比已经高达 39.9%。这一数字甚至超过了综艺，仅次于长视频剧集和电影。微短剧的持续火热，正成为电商行业不可错过的新风口。短剧已然和带货需求结合，成为各大平台和品牌的新战场。抖音、快手、小红书等平台相继推出短剧扶持政策；韩束、谷雨等品牌定制短剧爆火，吸引着越来越多的美妆、食品饮料、个护清洁等行业头部品牌相继入局。而平台和品牌的内容"连接者"MCN 机构，则又一次成了这个新内容形式的探路者。据公开信息，遥望、谦寻、无忧传媒、麦芽传媒等头部 MCN 机构均已涉足短剧业务。2024 年"6·18"，谦寻开启直播+短剧玩法，淘宝上线品牌定制剧，京东和拼多多等传统货架电商也引入短剧。这种结合不仅丰富了直播带货的内容形态，还通过引人入胜的剧情吸引了观众，增强了受众的黏性。"直播电商+微短剧"，这种创新的内容形式不仅成功地吸引了消费者的目光，还为大量国货品牌带来了流量和销量。当前各大直播电商平台、头部主播等 GMV 增长承压，微短剧赛道正成为直播电商平台、机构新的探索领域。

（十一）直播电商与线下商业联动

直播电商的发展为线下商业带来了新解法，带动了线下商业的转型升级。近年来，店播、档口直播成为常态，品牌自播也成为大势。如今随着直播电商发展增速逐渐放缓，直播电商平台去头部化趋势的加速推进，直播电商与线下商业的联动加强。一方面，头部机构主播开始与线下商业联动，带动品牌宣传，促进消费。如美腕就联合上海网购商会共同举办"2024 新品进万家精品盛典"嘉年华活动，联动线上线下，促进品牌拓展销售场景等。另一方面，头部机构主播开始布局线下商业，进一步加深线上线下融合。如 2024 年 4 月，李佳琦奈娃家族咖啡在上海开业。近期，东方甄选推出 800 家线下店计划等。直播电商具有覆盖面广、传播速度快、成本低廉的特点，而实体店则提供线下体验，有助于增强消费者信任感。两者联动，由实体店提供直播场地，直播带货提供线上流量，实现线上线下相互促进，提高销售额，扩大品牌影响力，有助于提供更丰富的购物体验，提高消费者满意度。

在实体经济与数字经济深度融合发展的大背景下，头部机构、主播线下开实体，适应了时代的潮流和发展趋势，另外，最近国家在打造新消费场景、刺激消费需求，推动消费升级等方面的政策措施密集出台。由此可见，直播电商与线下商业联动将成为直播电商发展的一种重要趋势。

（十二）品牌自播的兴起

随着直播电商业态的逐渐成熟，品牌自播逐渐成为常态。构建直播场景成为品牌的新基建。近年来，品牌自播快速普及。从全网电商来看，2021 年，1—12 月品牌自播整体呈现增长态势，自播市场份额增长了 10%；同时销量均处于稳定增长状态，销售额年增长速度为 494.8%。自播已成为品牌经营电商的新趋势。从各个平台来看，在淘宝直播平台，2021 年商家自播的场次占比约八成，在平台上的渗透率同比增长一倍。2021 年新品牌在直播间的成交较 2020 年增长 59.8%，大小商家都逐渐参与到直播电商中。据蝉妈妈发布的《2022 抖音电商年度报告：全域电商新征程》，在抖音平台，相较于 2021 年，2022 年品牌自播账号增长 208%，自播总场次增长 307%，自播总时长增长 310%。以淘宝 2023 年"双 11"数据为例，在 89 个 GMV 破亿元的直播间中，店播有 64 个，GMV 破千万元的直播间更有 600 个之多。驱动品牌商家开展自播的因素主要有以下三方面。

一是直播电商的庞大市场，是品牌商家不可忽视的重要阵地。近年来疫情使实体经济发展遇阻，促使品牌商家开始寻找新的发展之路。直播电商作为新模式，呈现出快速发展的趋势，成为电商中的重要部分并占据庞大的市场份额。品牌商家无法对其视而不见，部分品牌主动寻找达人，助力销货。也有商家组建直播间或与服务机构合作，开始自播。但由于直播电商作为新模式，早期人才缺乏、市场鱼龙混杂，成功的商家少，受伤的商家多。因此很多品牌商家（尤其是中小品牌商家）选择默默关注，伺机而动。而选择走直播分销的品牌商家，需要让利高额佣金。品牌商找达人带货的过程中，还面临着数据造假、投入产出效率极低等问题，这也在一定程度上刺激着品牌商家开始自我主导直播营销。

二是直播电商生态环境成熟，降低了品牌商家的进入壁垒。如上所述，品牌商家对直播电商早已蠢蠢欲动，但由于缺乏专业人才，市场混乱，企业自身电商基因欠缺，自播开展成本高，结果预期不明，开展直播电商的风险较高。随着市场发展，直播电商人才逐渐丰富，有实力的服务商逐渐浮现，企业对直播电商的理解也逐渐清晰，对开展直播电商多了些把握。尽管如此，由于参与者越来越多，流量分配越来越少，品牌越晚开启直播，抢占流量就越困难，这也就使得近年来有实力的品牌争相入局。

三是平台生态健康可持续发展的需要，使平台大力扶持品牌自播。在早期，直播电商充斥着白牌、三无产品甚至假冒伪劣产品。通过直播间主播的诱导、低价、高福利等吸引着大量流量。这就导致直播生态容易出现"劣币驱逐良币"的现象，不利于平台生态的健康发展。这种现象长此以往必将影响平台口碑，不利于平台长远发展。此外，达人主播在销售商品时通常采用低价策略，如宣传"全网最低价"等，无法真正体现品牌价值，不利于品牌发展，长远来看也将影响平台生态的健康可持续发展，因此近年来各大平台推出品牌商家扶持计划，助力品牌开播。各大平台都为品牌商家提供辅导课程，并编写直播指南，如《抖音电商"FACT＋"全域经营方法论白皮书》《淘宝直播2022商家成长经营指南》《2022快手电商商家冷启运营方法论白皮书》等。另外，各大平台都建立了学习区，商家可以免费获取学习资料，为开播提供了便利。

除上述三方面因素，品牌自播还具有诸多优势。与找达人直播相比，品牌通过自播的方式，掌握了定价权和内容权，在直播时除了带货外，还能更准确地传播品牌故事，传递品牌价值，积累私域流量。此外，品牌自播能形成稳定的直播场次，获得可持续的销量，并且成本和人员相对可控，有助于"品效合一"的实现。

（十三）直播短视频的规范化和专业化

直播短视频行业在快速发展的同时，不可避免地伴随各种乱象，如内容低俗、数据造假、夸大和虚假宣传、偷税漏税等，这些都不利于行业长远发展。近年来随着直播短视频电商监管体系逐渐完善，直播短视频行业也越来越规范化。同时，直播短视频平台主动完善治理规则、积极拥抱合规，也推动了行业健康发展。2021年以来，多个直播短视频平台积极更新完善平台规则，推出管理规范、负面清单、处罚规则等细则来促进各方合规经营。并有针对性地开展了虚假宣传、恶俗炒作等重点违规行为的专项治理活动，对违规商家与主播进行处罚，加速了整个行业生态的规范化进程。2022年以来，在强化内容监管的同时，政府部门对短视频在稳就业、促消费、促转型、文化数字化等方面的正向贡献也愈加重视，从内容到主体，法治与监管进一步融合协同。国家和地方层面在不断出台政策鼓励支持直播经济及相关新业态新技术的发展的同时，对直播与短视频行业的管理重心也向"网络主播行为规范""未成年人保护"

两个方面"精准滴灌",针对直播与短视频领域出现的新现象、新问题,相关部门开展专项治理行动,综合施策、标本兼治。在政策监管加强和平台积极配合的背景下,直播短视频电商的人、货、内容都更加专业化,开始从拼价格、拼流量、拼主播向拼专业、拼品质、拼服务转型。

在直播电商发展初期,敢于直播、敢于带货就能销售产品。随着直播常态化,平台流量逐渐见顶,直播电商开始陷入内卷,直播门槛也逐渐提高,直播电商进入专业化时代。直播电商的专业化体现在直播电商的方方面面,从人、货、内容三方面进行分析。

"人"的专业化:首先是团队分工更加精细,主播、运营、场控等各自分工明确,大型直播间团队超十人,过去单打独斗的方式难以成功;其次是人员素质的专业性增强,以主播为例,不但需要具备直播口条等方面的技能,还需要在选品上足够专业、懂货、懂品牌,因此主播垂直化带货将成为趋势。此外,主播专业化还体现在职业认证上,随着人社部发布互联网营销师新职业标准,淘宝等平台推出了职业认证,一些品牌方已经开始对主播提出持证上岗的要求。

"货"的专业化:随着消费者理性回归,对货的品质要求逐渐提升。正规专业化的货源才能吸引并留住消费者。

"内容"的专业化:在直播场景下,内容是连接消费者的核心要素。随着消费者对直播电商接受程度的提高,对直播的预期也将提升。同质化的内容将难以吸引到消费者。只有充分考虑用户需求,呈现专业化的内容,才能增强用户黏性。

专业化是直播电商生态健康发展的要求。《直播带货消费维权舆情分析报告(2021)》[①] 显示,消费者吐槽的问题主要

---

　① 由北京阳光消费大数据研究院和对外经济贸易大学消费者保护法研究中心于 2021 年发布。

集中在产品质量较低、虚假宣传、价格误导等方面。由于直播带货主播门槛过低，一些主播一味追求营销效果，精心炮制"直播失误""标错价格""现场卖惨"等虚假剧情，在骗取消费者同情的同时，也将消费者带入了"坑"里。而明星、名人直播带货由于经验不足，对带货的产品质量不了解，容易轻信商家而出现质量问题，不但给消费者造成了损失，也损害了自己以往打造出来的良好的公众形象。这些现象的出现便是由于规范不足、专业不足，在损害消费者利益的同时，也不利于直播电商生态的发展。

当下平台、机构、头部品牌都在推动直播电商的专业化。以平台为例，许多平台不仅推出了职业认证，还在平台规则规范、流量分配机制、对服务商的要求等方面促进直播电商的专业化。如快手在 2021 年电商服务商大会中，首次提出了服务商能力"五力模型"概念，即流量营销能力、主播孵化能力、服务履约能力、供应链能力和直播运营能力，推动服务商专业能力的提升。淘宝直播鼓励主播深耕垂直领域，打造专业人设，为消费者提供更具专业性的推荐服务，通过专业化属性建立直播平台护城河。2022 年开始，淘宝直播陆续推出了超级新咖计划、新领航计划等一系列激励政策来扶持新人主播和中小主播，尤其是各领域具有影响力的专业型主播。以母婴行业为例，全网拥有 4000 万粉丝的母婴知识大 V 年糕妈妈，4 月在淘宝直播上进行了首秀，吸引了 450 万人次观看。凭借在母婴领域的专业知识，年糕妈妈在选品、直播内容讲解上都更让粉丝信服。还有像高级育婴师小淘老师、儿童绘本种草官冉冉妈这样的专业主播，也在直播间分享好物、交流育儿经验，为越来越多的父母提供专业价值。可见，随着直播电商的发展成熟，直播电商也迎来了拼专业、拼品质的时代。

从数据来看，也非常明确地体现了直播电商的专业化特点。根据蝉魔方提供的数据，在 2023 年，直播间的货品数量呈现明显的下降趋势，从 2022 年平均 25.3 种下降到 2023 年的 21.2 种，下降了 16.2%。从这些商品的分布来看，90% 以上（94.6%）的直播间内陈设货品都在同一个一级行业。这些数据说明直播电商正在全面走向专业化。

（十四）直播短视频电商的普惠化

直播短视频电商在推动普惠化方面具有积极意义。首先，直播电商为草根提供了致富机会。无论地域、性别、受教育程度，内容创作者在直播电商平台上均有财富创造机会。从地域上看，无论是农村还是城市、东部还是西部，只要创造优质内容，就有可能通过直播短视频平台获得致富机会。在性别上，直播短视频电商对女性具有一定的友好性。在主播中，女性主播的比例在 60% 左右。其次，直播短视频电商为消费者提供了实惠。最后，直播电商带动了就业，从而推动了普惠。作为新型的电商销售方式，直播电商催生大量新型就业形态。除了主播，直播间里还诞生了助播、选品、脚本策划、运营、场控等多种新职业。直播电商提供了更低门槛、更灵活的就业岗位，有利于通过收入增加带动就业。例如，淘宝直播自 2016 年成立以来，有近 200 个年销售过亿元的生态机构，30 万个收入稳定的职业主播，30 万个新开播商家。至今，淘宝直播平台主播人数已达到 200 万人，带动 200 万个就业岗位，为超过 5 亿消费者提供了边看边买的服务。

直播电商为乡村振兴带来了新的动力。2023 年中央一号文件《中共中央 国务院关于做好 2023 年全面推进乡村振兴重点工作的意见》指出，深入实施"数商兴农"和"互联网+"农产品出村进城工程，鼓励发展农产品电商直采、定制生产等模式，建设农副产品直播电商基地。直播电商对于乡村振兴最直接的意义，是帮助农产品、乡村文化旅游产品以及其他乡村特色品连接大市场，通过大量曝光与主播信用加持，从而促进乡村产品销售，提升乡村收入水平。据商务部数据，中国农产品网络零售额从 2016 年的 1589 亿元逐年增长至 2022 年的 5313.8 亿元（见图 8-3）。根据商务部电子商务和信息化司发布的《2023 年上半年中国网络零售市场发展报告》，2023 年上半年，全国农产品网络零售额超过 0.27 万亿元，增长率为 13.1%。据此，研究团队预计 2023 年将突破 5800 亿元。从数据上来看，2019 年农产品网络零售额大幅增长 72.45%，近年来的增长率明显高于农村电商大盘的增长率，占整体网络零售额的比重快速上升（见图 8-4）。值得关注的是，农产品网络零售额的增长，与直播电商爆发时间相符。2019 年在诸多因素影响下，直播电商爆发，市场交易规模增长 227.7%。①

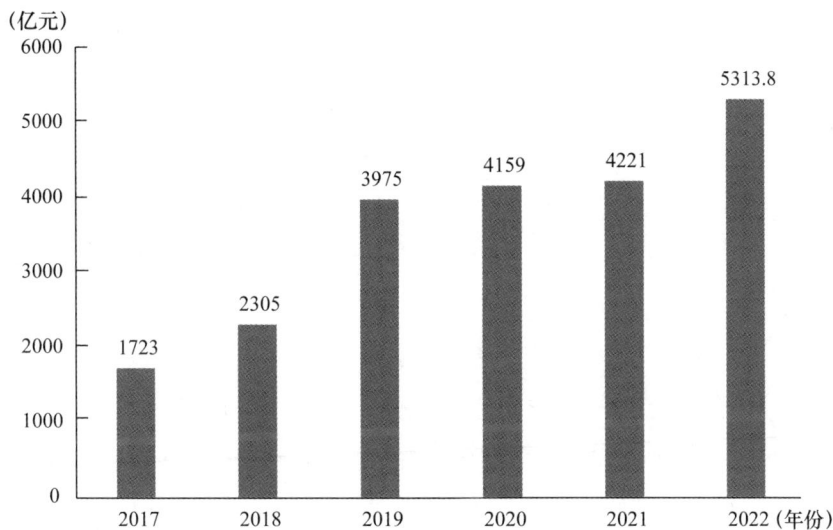

图 8-3 农产品网络零售额

---

① 《网经社：〈2022 年度中国直播电商市场数据报告〉发布》，2023 年 3 月 23 日，搜狐网，https://business.sohu.com/a/658017956_120491808。

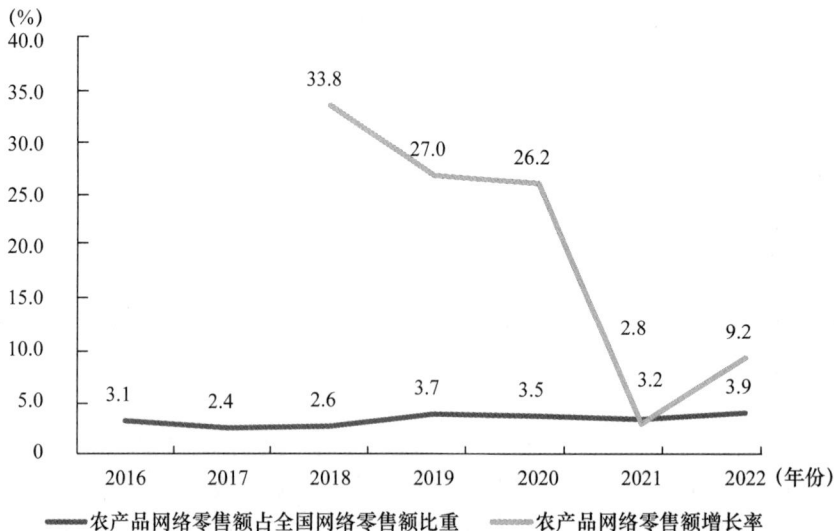

图 8-4   农产品网络零售额的比重与增长率

直播电商之所以能快速带动乡村产品的销售，具备几个深层原因。

（1）直播电商满足多方的共同需求，包括政府振兴乡村的需要；平台、大型机构、网红履行社会责任的需要；各参与者经济利益的需要。其中，满足参与各方经济利益的需求，是驱动农产品直播带货持续发展的根本原因。①对于生产者，过往农产品议价能力低，在直播带货的机会下选择变多。一方面农产品的上行代理、代销、经销等商家变多，农民可以对比选择；另一方面农民可以选择自己直播带货销售产品。②对于主播或 MCN 机构等服务方，可以通过销售产品赚取价差、佣金、坑位费等。由于农产品处于农村地区，交付到消费者手中的中间链路太长。在乡村原本几毛钱一斤的产品，呈现在消费者面前成本上升至几元，消费者购买还需要更多花费。直播电商可以大量减少中间环节，其中主播或机构存在赚取大额价差的机会。③对于消费者，通过直播电商平台可以直观了解农产品品相、品质等多维度信息，购买价低的原产地产品。

（2）直播电商具有打造爆款的属性，有利于农产品大量、快速出货。直播电商打破空间局限，提升了交易效率，同时由于互联网具有快速传播的特性，网红主播在推荐产品时容易被分享、推荐、引爆，从而能产生很好的带货效果。例如，2022年，抖音电商共助力28.3亿单农特产销往全国。"三农"电商挂车短视频播放了2873亿次，电商直播间里讲解农产品的时长达3195万小时，平台拓展的商城带动农特产销量同比增长527%。猕猴桃、洛川苹果等地标农产品在销量增长的基础上，不断拓展品牌知名度，逐渐被消费者和市场认可。

作为"十大精准扶贫工程"之一，电商扶贫已经成为贫困群众脱贫增收最直接、最有效的途径之一。据不完全统计，电商扶贫已累计带动771万农民就地创业、就业，带动618.8万贫困人口增收。① 直播电商作为电商的新模式，在促进乡村振兴中更具活力，其独有的优势，更是赋能乡村振兴的重要载体。例如，淘宝直播致力于直播助农的村播计划已上线多年，至今有11万农民主播在线开播，直播带动农产品销售超50亿元。助农直播场次超230万场，覆盖31个省份的2000多个县域，总计带动20万人增加就业。

网络的无边界特征同样适用于直播电商。在性别上，直播带货新业态对女性具有一定的友好性。《2021年中国直播电商行业研究报告》显示，快手直播女性主播占比为59.2%，淘宝直播女性主播占比为65.3%。直播电商在一定程度上缩小了就业性别的差异。《2021抖音女性数据报告》显示，有1320万女性直接从抖音获得收入，带货达人总数中，女性占比为58%，带货达人总销售额中，女性达人带货销售额占比达64%。从文

---

① 《国新办举行积极贡献商务力量　奋力助推全面小康新闻发布会》，2021年8月23日，中国政府网，https://www.gov.cn/xinwen/2021-08/23/content_5632771.htm。

化水平来看，智联招聘等相关报告①的数据显示，在直播电商行业，七成岗位没有学历与经验要求，更注重实际技能的考查，大专及以下学历的主播占比达80%。

直播电商推动了知识普惠，缩小了知识差距。直播电商为用户提供了免费获取知识的机会。直播电商的内容属性较强，用户有机会获取免费的教程，拥有免费的老师。这在垂直领域较为常见，如舞蹈、唱歌、健身、母婴等板块，主播通常是行业内达人，用户可以免费跟着主播学习跳舞、唱歌、健身、母婴等方面的知识。随着内容高质量化趋势的演进，直播电商的知识普惠性将越来越强。

直播电商助力中小企业数字化转型，缩小了不同规模企业之间的数字鸿沟。直播电商为缺乏大规模投入、无法进行数字化生产过程改造的中小企业，提供了一个分阶段、稳步推进的"小步快走"的数字化转型切入点。中小企业能够借助直播电商推广和销售产品，在此过程中，建立起互联网营销渠道，借助平台的数字化工具，优化产销链条，低成本开发个性化产品，为数字化转型积累经验和技术能力。根据《淘宝直播产业带社会价值研究报告2023》，直播电商能够助力产业带里的中小企业通过直播电商的方式进入新兴市场，并持续推动产品改进。

（十五）直播电商的技术化

虚拟数字人、大语言模型、生成式人工智能等技术的进步，给传统直播电商的直播模式、流量分发、成本结构等带来了巨大的影响。

虚拟数字人直播是近几年直播电商领域技术化的一个典型

---

① 《智联招聘携手淘榜单发布〈2021年直播产业人才报告〉》，《大众日报》2021年11月16日。

代表。从"虚拟数字人"一词本身来看，"虚拟"强调的是其非真实性，是存在于虚拟世界而非物理世界之中的；"数字"强调虚拟数字人是运用先进技术构造出来的真人的"数字孪生"，即存在于数字世界中的人；"人"指的是虚拟数字人是高度拟人化的，有着人的形象、性格和行为特征。因此外表、行为和交互上是否能够实现拟人化是虚拟数字人技术的关键。虚拟数字人还可用作数字助理、客户服务代表，甚至媒体行业的虚拟新闻主播、直播行业的虚拟主播，在娱乐业则可用于视频游戏、电影和动画中，使角色更具表现力。对于虚拟数字人应用于直播电商行业，一般认为，虚拟数字人可以突破时间空间限制，以较低的成本实现较高的直播带货转化率，但是也有人指出，虚拟数字人在直播领域的应用尚不成熟，在互动性、销售能力等方面均不如真人直播。

在现实中，各个直播平台都非常重视虚拟数字人直播，认为其将会给直播电商行业带来革命性影响。各大平台均推出了虚拟数字人直播的工具，帮助各品牌商或直播机构以虚拟数字人的方式进行直播。艾媒咨询数据显示，2022年中国虚拟数字人带动产业市场规模和核心市场规模分别为1866.1亿元和120.8亿元。

另外，随着ChatGPT等大语言模型的广泛应用，人工智能在直播行为应用日益广泛，AI客服、直播脚本、产品文案、宣传文案乃至利用AIGC生成AI模特，都广泛应用了ChatGPT等新技术，这些都推动了人工智能技术在电商行业的落地应用。例如，阿里妈妈推出AI产品和工具，助力商家精准高效上架商品。为了解决商家在货品上架时需要制作大量不同商品素材并适配不同投放渠道的运营难题，阿里妈妈利用AI技术帮助商家一键生成图文、短视频等多样化商品素材，并精准投放至最适配的渠道和人群。在商品素材生成环节，通过阿里妈妈的生成式AI智能产品"万相实验室"，只需输入商品的基础素材与简单指令，就能一键生成短视频、图文等高质量商品信息。目前商家通过阿里妈妈创意生态，即可搭建专属的"AI 直播间"。超过 100 位 AI 虚拟主播天团，可通过形象定制，化身商家专属主播，还能多语言适配，与直播间粉丝交流，24 小时直播互动不间断。另外，直播间场景也可以通过 AI 能力实现一键搭建与切换，还能智能捕捉直播商品的营销卖点输出"AI 直播脚本"，降低商家直播门槛与成本。据悉，目前已有超过 500 个商家通过阿里妈妈 AI 能力，在淘系实现了 7×24 小时不停播的"AI 全时直播"，直播成本有效降低 90%。而对以服饰行业为代表的商家而言，阿里妈妈的 95 个 AI 数字人模特天团，还能"0 成本换场景、30 秒出大片"，让商家不必真人实拍就生动展示模特试穿图。通过"万相实验室"智能生成的商品素材，可实现素材生成效率提升 5 倍、商品点击率提升 45%。

（十六）直播电商竞争白热化

如前所述，直播电商成为电商的最重要增长点。因此，各个电商平台都加码直播电商，平台之间、主播之间、平台与主播之间的竞争日益激烈。

一是所有与电商有关联的平台都向直播转型，平台之间的竞争日益激烈。除了现在已处于直播电商头部的抖音电商、快手电商和淘宝直播之外，拼多多、京东等电商平台向直播电商投入了更多的资源，而小红书等社交内容平台也押注直播电商。

2023 年 9 月，小红书宣布关闭自营店铺"福利社"，此前还关闭了主打户外运动品类的小绿洲，而转型"买手电商"。在这个过程中，小红书虽有直播电商，但是其用户具有非常强的平面媒体浏览心智，以及小红书本身在战略上的摇摆，使其并没有在直播方面取得突破性进展，缺乏持续性的"现象级直播"。2023 年 3 月，小红书重申了直播电商的战略地位，并进行了一系列组织架构的调整，有媒体报道，小红书进行架构调整，将直播业务提升为独立部门，统一管理直播内容和直播电商等板块。此前，小红书直播业务归属社区部旗下的二级部门业务组。对直播电商的重视，推动了小红书直播电商的快速发展。2023年"双11"期间，小红书电商订单数为去年同期的3.8倍，参与商家数为去年同期的4.1倍。董洁、章小蕙直播间单场GMV破亿元。

京东也开始在直播电商方面加大资源投入，2023年10月25日晚，京东在其最强的家电品类方面上线了京东采销直播。这一场直播在本质上代表了直播电商的另一种模式，就是不依赖于头部主播，主打"无佣金无坑位费"，而更多地依赖于供应链管理能力，降低产品的终端售价，从而获得消费者的青睐。之后，京东的3C数码、大商超、美妆、健康等品类均上线直播，而且无一例外采取了由其内部员工作为主播的方式。这种返璞归真的直播方式，得到了消费者的支持。京东直播大数据显示，截至10月31日晚，有超过1.4亿用户涌入京东采销直播间。

2023年6月，拼多多将直播作为一级入口，这意味着该平台将进一步提升直播电商的地位。在"6·18"期间，拼多多也开展了百万主播挑战赛，并鼓励更多的品牌商将直播作为其营销方式。

其他平台也持续加码直播电商。2023年11月30日，支付宝开放平台宣布，在其平台运营的商家，可以通过多种方式参与平台组织的直播营销活动，并由平台给予一定的流量等多方面的优惠。2023年3月，美团开始搭建直播技术中台，并在美团外卖App首页设置直播入口。在此之前，美团还上线了一个单独的App，即"美团直播助手"，为商家开展直播营销活动提供基础工具与资源。从一些美团直播的效率指标数据来看，美团直播在本地生活、即时电商等方面，具有较好的效果。

平台之间竞争的一个重点是消费者服务。消费者是平台最核心的资源，因此，平台在服务消费者方面持续演进。继拼多多宣布"仅退款"的售后政策之后，2023 年 9 月，抖音电商也提出了"仅退款"条款，2023 年 12 月，跟进了售后服务的"仅退款"要求，最重要的直播电商平台均已支持"仅退款"。

二是主播之间的竞争日趋激烈。无论是李佳琦"花西子眉笔"事件，还是东方甄选的董宇辉"小作文事件"，都反映了主播在直播营销中的重要作用。然而，随着直播电商的流量红利日渐消减，直播电商的主播之间竞争非常激烈。

三是主播与平台之间的竞争日益激烈。随着直播电商的发展壮大，平台与主播之间的关系也正在发生变化。例如，2023 年 1 月 31 日，新东方在线正式更名为东方甄选，不但在抖音平台上直播带货，还在其自有的 App 上直播带货。其 2023 财年（2022 年 6 月 1 日至 2023 年 5 月 31 日）财报显示，东方甄选的净营收同比大增 651%，达 45 亿元，其中自营产品及直播电商业务的营收达 39 亿元，占总营收的 87%。

九　直播电商的质量问题及规范化发展

（一）直播电商质量问题仍不容忽视

1. 虚假宣传、夸大描述、超范围宣传、虚构商品等情况普遍存在

直播带货是通过主播以视频的方式宣传产品并促进购买的一种商业模式，部分商家在直播带货时"口无遮拦、随意编造"，以期用虚假的商业宣传在竞争时取得有利地位。《直播带货消费维权舆情分析报告（2022）》数据显示，2022年直播带货消费维权舆情信息中，涉及虚假宣传问题的占37.82%，较2021年上升了6.2个百分点。

在食品领域，一些网络主播将普通食品当成具有疗效的药物进行售卖，声称服用多少天就能达到疗效，彻底摆脱疾病，部分主播甚至称其售卖的产品能"包治百病"。还有的主播锚定中老年人，利用事先准备好的夸张情感剧本，在直播间上演"苦情大戏"，用"子女不在家，我们来尽孝"等话术来赢取用户信任，并趁机虚假宣传所谓"神药"。例如，根据相关法律规定，燕窝、减肥食品都属于普通食品，但是往往是按照保健品的标准宣传其各种功效。

在助农领域、公益领域，很多主播以"助农""扶贫""助困""助残"为由编造不实场景、实施虚假公益等，通过卖惨带货的形式进行虚假宣传。例如，有主播利用凉山州一位老农的

形象，直播带货外地的石榴。

在一些专业领域，冒充专业人士或者打着专业人士的幌子，进行虚假宣传。很多人通过平台认证为"某某医生"，以医生身份为背书，打着"医学科普""健康养生"旗号，大肆宣传产品功效并带货，还找人在直播间里当"托儿"，说自己吃了这些保健品后，效果非常好，身体较过去好多了。而实际上，这些所谓的医生，可能并没有医学专业资质，所宣传的产品可能只是普通食品或者保健食品，根本就没有其在直播间里宣称的功能。即使有医学专业资质，滥用这种资质进行虚假宣传，也是一种典型的扰乱市场秩序的行为。

在生活服务直播领域，一些达人以探店的名义进行直播带货，存在对服务的虚假夸大描述、超范围宣传、虚构商品来源等较为普遍的行为，更有云探店模式，靠商家提供的素材剪辑拼凑，不到店即可上架商家团购链接。一些达人探店发的团购券不明示使用条件，消费者到店消费后才知特定时间或预约才能使用，线上"种草"线下"踩雷"已成常态。当前，探店已形成成熟的产业链，达人摆拍、内容套路化使其沦为营销的工具，几乎没有任何口碑价值。

2. "刷单炒信"、数据造假等已形成黑灰产业链

通过"作弊"方式刷流量、刷评价的"刷单炒信"行为日益花样翻新，常见的方式包括利用机器人虚构关注度、刷流量、发送评论，增加粉丝量、观看量、点赞量，雇用专业团队、"刷手"，下单后退款，虚假交易拍 A 发 B，"寄空包"等，目前在直播带货领域，"刷单炒信"、数据造假等已明码标价，形成了黑灰产业链。有的达人造假销售数据、购买虚假粉丝，营造虚假人气欺诈商户。调研中许多商家表示，钱花了、人请了，但达不到预期效果。"刷单炒信"不仅损害公平竞争的市场秩序，造成"劣币驱逐良币"的负面效应，更是在很大程度上欺骗、

误导消费者做出与现实相悖的主观评判，损害了广大消费者的合法权益。

3. 以次充好、侵犯知识产权等成为投诉最多的问题

产品质量问题一直高居直播带货问题的首位。具体体现在多个方面，包括假冒伪劣、以次充好、"三无"产品等。2021年，上海市质量监督检验技术研究院从多个直播平台，以神秘买家的方式购买了 320 批次产品，发现了包括"三无"产品、无"3C"、不符合强制性标准、不符合推荐性标准等多个情况。而另一次抽检中，儿童轻便童车抽样结果显示 100% 存在安全风险。

直播带货时，直播间混淆概念，冒用知名品牌或者地理标志，但销售非知名品牌的情况非常常见。例如，直播间的背景里摆放了非常多的茅台酒，但实际销售的是其他杂牌酒。也有一些直播带货以"正品尾货""工厂清仓"等名义进行假冒品牌商品的销售。另外，在直播带货中一些非标准化、难验证的产品更是存在严重的质量问题。如珠宝玉石之类的产品，由于缺乏质量标准，在直播间里大多存在以次充好的情况。例如，有些直播间的高品质原石都是在市场上借来的，真正销售给粉丝的是低价购入的外貌相似的廉价成品。

4. 虚假测评，欺诈消费者，要挟品牌商或者线下商店，甚至直接诋毁同行成为一种新兴的不正当竞争方式

以直播或者视频的方式进行所谓"第三方测评"，并以此进行不正当竞争是最近两年来兴起特别快的一种不正当竞争方式。中国消协调查后发现：93.1% 的"第三方测评"涉嫌存在测评标准类问题，其中缺乏测评标准的主观性测评居多；55.7% 的"第三方测评"涉嫌存在商测一体、以商养测类的模式难保公正性；37.2% 的消费者反映通过观看"第三方测评"所购买的商

品出现过质量问题；35.7%的"第三方测评"存在涉嫌虚假测评类问题。对消费者而言，这一类测评主要是通过夸大宣传，放大产品功能、功效，对消费者造成误导；测评产品与实物不符，与消费者实际购买商品不一致。

对品牌商而言，有一些所谓第三方测评，以貌似公正中立的方式，对不同品牌的商品进行测评，缺乏科学的测评体系和数据支撑，以偏概全，依靠主观评价，故意诋毁某一商品进行不正当竞争。另外，还有一些主播为了吸引眼球，达到更好的直播效果，经常采取所谓的知识科普等方式，将大量同类商品进行对比，有时甚至会诋毁同类商品。这种不正当竞争方式打着公正中立的旗号，在直播带货领域发展很快，且有着更大的迷惑性。

还有一些所谓的网络大 V，以所谓测评、探店等方式，直接要挟品牌商或者线下商店。例如，部分达人探店变"探钱"，以好处换好评；一些达人威胁商户，甚至要求"霸王餐"，谈不拢就恶评。

5. 利用相对优势，要求所谓"底价"，剥夺品牌方的定价权，从而破坏市场竞争秩序

直播带货市场的特点，决定了其主播分布是金字塔结构的。极少量的头部主播垄断了大部分直播流量，这极大地增加了头部主播的话语权。因此，一些头部主播就利用这种话语权优势，要求品牌方与其签署"底价协议"，即要求品牌方独家给予该主播全网最低价，如果违约，要承担巨额的违约金，甚至有主播要求品牌方"二选一"，对别的主播乃至营销渠道控价控库存，以此确保其竞争力。据了解，这种"底价协议"在行业头部主播之间已普遍存在。

而这些主播在利用品牌商的这种低价获得垄断地位之后，就会深入品牌方的生产乃至定价过程，以高价来损害消费者利

益，但这种高价所带来的利益，绝大部分被主播拿走。

6. 直播电商质量问题的实际表现

直播电商发展过程，仍存在着不少问题。2023年"双11"期间，李佳琦、疯狂小杨哥、东方甄选、贾乃亮、辛巴等头部主播均出现了不同程度的舆情，事件涉及价格问题、不当言行、不当竞争、虚假宣传、售后服务等危机类型，持续引发舆论关注与热议。

根据中国质量万里行消费投诉平台和新浪黑猫投诉平台受理情况统计，2022年9月1日至2023年8月31日，共收到直播带货行业有效消费投诉61727件，给出消费者投诉处理意见的投诉55235件，投诉解决率89.48%。

直播带货消费投诉主要涉及退货换货、虚假宣传、产品质量、霸王条款、诱导交易、虚假发货、不予退款以及价格误导等问题，具体情况如表9-1所示。

表9-1　　　　　　　　直播带货行业消费投诉主要问题

类型	接收量（件）	占比（%）
退货换货	18110	29.33
虚假宣传	16009	25.94
产品质量	6771	10.97
霸王条款	6657	10.78
诱导交易	4133	6.70
虚假发货	3917	6.35
不予退款	3500	5.67
价格误导	2630	4.26

资料来源：中国质量万里行消费投诉平台和新浪黑猫投诉平台。

（二）直播电商规范化发展的框架已构建

中国一直支持直播电商的规范发展。在扶持政策上，2020年2月，商务部办公厅在《关于进一步做好疫情防控期间农产品产销对接工作的通知》中，鼓励通过直播带货渠道为农产品提供销路，并提供流量支撑；2020年7月，国家发展改革委、人力资源和社会保障部等部门发布《关于支持新业态新模式健康发展　激活消费市场带动扩大就业的意见》，对网络直播等多样化就业给予肯定与培育；2020年9月，国务院办公厅发布《关于以新业态新模式引领新型消费加快发展的意见》，明确鼓励实体商业通过直播电子商务、社交营销开启"云逛街"等新模式，同时指出要经过3—5年努力，促进新型消费发展的体制机制和政策体系更加完善，通过进一步优化新业态新模式引领新型消费发展的环境、进一步提升新型消费产品的供给质量、进一步增强新型消费对扩内需稳就业的支撑，到2025年，培育形成一批新型消费示范城市和领先企业，实物商品网上零售额占社会消费品零售总额比重显著提高，"互联网+服务"等消费新业态新模式得到普及并趋于成熟；2021年3月，国家发展改革委等印发了《加快培育新型消费实施方案》，其中指出要发展直播经济，鼓励政企合作建设直播基地，加强直播人才培养培训；2022年4月国务院办公厅发布《关于进一步释放消费潜力促进消费持续恢复的意见》，指出要积极拓展沉浸式、体验式、互动式消费新场景，有序引导网络直播等规范发展，深入开展国家电子商务示范基地和示范企业创建；2023年商务部办公厅等发布《县域商业三年行动计划（2023—2025年）》，对大力发展农村电商直播、培育"土特产"电商品牌、鼓励农村电商创业就业三项工作作出了重大部署，将电商直播行业延展至县域农村，推动全域数字化发展建设进程。

　　在支持直播电商发展的同时，也出台了一系列政策法规，对直播电商进行规范。2023 年 2 月 6 日，中共中央、国务院印发了《质量强国建设纲要》，其中提出，要规范发展网上销售、直播电商等新业态新模式。这将规范发展直播电商提升到了国家战略高度。7 月 11 日，中央网信办发布《关于加强"自媒体"管理的通知》，要求网站平台健全 MCN 机构管理制度，对 MCN 机构及其签约账号实行集中统一管理。作为新事物，直播电商在快速发展的同时，不可避免地伴随各种乱象，如夸大和虚假宣传、数据造假、偷税漏税等。鱼龙混杂的业态不利于长远发展。随着规模持续扩大，直播电商成为一种重要业态，相关部门高度重视，近年来，陆续发布规范性文件，并取得了较好的效果。

　　部分涉及直播电商的监管规范、政策如表 9-2 所示。

表 9-2　　　　　　　　　　2020—2023 年直播电商监管政策

发布时间	部门	政策名称	直播电商相关内容
2020 年 6 月	中国广告协会	《网络直播营销行为规范》	对网络直播营销中的商家、主播、平台经营者、主播服务机构和参与用户的行为提出规范。规定商家应具有与所提供商品或者服务相应的资质、许可，并亮证亮照经营；主播在直播活动中，应当保证信息真实、合法，不得对商品和服务进行虚假宣传，欺骗、误导消费者
2020 年 11 月	市场监管总局	《关于加强网络直播营销活动监管的指导意见》	主要有三个方面内容。一是压实有关主体法律责任，包括网络平台、商品经营者、网络直播者的法律责任。二是严格规范网络直播营销行为，主要对通过网络直播销售的商品或服务营销范围、广告审查发布、消费者知情权和选择权的保障等方面作了规定。三是依法查处网络直播营销违法行为，主要列举网络直播营销活动中的电子商务违法、侵犯消费者合法权益、不正当竞争、产品质量违法、侵犯知识产权、食品安全违法、广告违法、价格违法等八大违法行为，并明确应依据相应的法律予以查处

续表

发布时间	部门	政策名称	直播电商相关内容
2020 年 11 月	国家互联网信息办公室	《互联网直播营销信息内容服务管理规定（征求意见稿）》	对直播营销平台、直播间运营者和直播营销人员从事互联网直播营销信息内容服务的行为作出了相关规定
2020 年 11 月	国家广播电视总局	《关于加强网络秀场直播和电商直播管理的通知》	要求电商直播平台坚持社会效益优先的正确方向；切实落实主体责任，积极参与行风建设和行业自律；落实管建同步的原则，把平台管理力量与直播间开办能力相匹配的要求精准落实到数到人；严格按照网络视听节目服务管理的相关规定开展视听内容服务；对开设直播带货的商家和个人进行相关资质审查和实名认证；积极探索利用大数据、人工智能等新技术服务于鼓励倡导的直播节目，对违规不良内容实现精准预警和及时阻断
2021 年 2 月	网信办、市场监管总局等七部门	《关于加强网络直播规范管理工作的指导意见》	一是督促落实主体责任，包括压实平台主体责任、明确主播法律责任、强化用户行为规范；二是确保导向正确和内容安全，提升主流价值引领、切实维护网民权益、加强未成年人保护、筑牢信息安全屏障、严惩违法违规行为；三是建立健全制度规范
2021 年 3 月	市场监管总局	《网络交易监督管理办法》	对网络交易经营者从事网络交易活动进行了相关规定，指出网络交易经营者不得作虚假或者引人误解的商业宣传，欺骗、误导消费者。对于网络交易平台经营者，应当对平台内经营者及其发布的商品或者服务信息建立检查监控制度
2021 年 3 月	中国广告协会	《网络直播营销选品规范》	规范涉及商家、商品资质，质量检验把控，商品的直播描述，直播后出现质量问题的消费者权益救济，主播和机构在选品方面的基本要求和导向等
2021 年 4 月	网信办、市场监督管理总局等七部门	《网络直播营销管理办法（试行）》	直播营销平台应当建立健全账号及直播营销功能注册注销、信息安全管理、营销行为规范、未成年人保护、消费者权益保护、个人信息保护、网络和数据安全管理等机制、措施。明确了直播间运营者和直播营销人员的年龄限制和行为红线

续表

发布时间	部门	政策名称	直播电商相关内容
2021 年 8 月	商务部	《直播电子商务平台管理与服务规范》行业标准（征求意见稿）	（1）明确直播营销平台应该具备的资质、经营条件及合规性基本要求；对直播主体入驻及退出、产品和服务信息审核、直播营销管理和服务、用户以及直播主体账号的管理和服务要求；对消费者权益保护的要求；信息安全管理要求。 （2）明确直播主体入驻要求，对主播的资质、直播形象、直播行为、直播间管理等提出要求。 （3）明确直播营销人员服务机构的基本要求，直播营销人员服务机构应对主播进行规范化管理
2021 年 9 月	国家税务总局办公厅	《加强文娱领域从业人员税收管理》	进一步加强文娱领域从业人员日常税收管理，对明星艺人、网络主播成立的个人工作室和企业，要辅导其依法依规建章建制，并采用查账征收方式申报纳税；要着力加强明星艺人、网络主播经纪公司和经纪人及相关制作方的税收管理，督促其依法履行个人所得税代扣代缴义务；进一步加强和改进对明星艺人、网络主播等文娱领域从业人员及其经纪公司、经纪人的税法教育和宣传引导
2021 年 10 月	商务部、中央网信办、国家发展改革委	《"十四五"电子商务发展规划》	探索建立"互联网+信用"的新监管模式，引导电子商务直播带货平台建立信用评价机制。加强网售产品质量安全监管，开展专项监督抽查，加大查处力度，加强对不合格产品的追溯，依法追究生产经营者责任
2021 年 11 月	市场监管总局	《互联网广告管理办法（公开征求意见稿）》	规定互联网直播内容构成商业广告的，相关直播间运营者、直播营销人员应当履行互联网广告经营者、广告发布者或者广告代言人的责任和义务。不得利用互联网直播发布医疗、药品、特殊医学用途配方食品、医疗器械或者保健食品广告
2021 年 11 月	文化和旅游部办公厅	《关于加强网络文化市场未成年人保护工作的意见》	要求网络文化服务提供者不得为未满十六周岁的未成年人提供网络直播发布者账号注册服务，对年满十六周岁的未成年人提供注册服务应当依法认证身份信息并征得监护人同意。严禁借"网红儿童"牟利，严管严控未成年人参与网络表演

续表

发布时间	部门	政策名称	直播电商相关内容
2022 年 3 月	网信办、税务总局、市场监管总局	《关于进一步规范网络直播营利行为促进行业健康发展的意见》	要求网络直播平台更好落实管理主体责任，加强网络直播账号注册管理、网络直播账号分级分类管理，并配合开展执法活动。网络直播发布者、网络直播服务机构、网络直播平台应当全面、真实、准确地披露商品或者服务信息，保障消费者的知情权和选择权
2022 年 5 月	中央文明办、文化和旅游部、国家广播电视总局、网信办	《关于规范网络直播打赏 加强未成年人保护的意见》	禁止未成年人参与直播打赏；严控未成年人从事主播工作；优化升级"青少年模式"，增加适合未成年人的直播内容供给；网站平台应建立未成年人专属客服团队，优先受理、及时处置未成年人相关投诉和纠纷；规范打赏等重点功能应用；加强未成年人网络素养教育
2022 年 6 月	国家广播电视总局、文化和旅游部	《网络主播行为规范》	规定了网络主播应当坚持的正向行为规范和要求，划定网络主播从业行为底线红线，明确规范网络主播直播带货行为，明确对网络主播违法违规行为的处罚。规范中还明确了网络主播在提供网络表演及视听节目服务过程中不得出现的 31 种行为
2023 年 2 月	中共中央、国务院	《质量强国建设纲要》	提出要规范发展网上销售、直播电商等新业态新模式。促进网络购物、移动支付等新模式规范有序发展，鼓励超市、电商平台等零售业态多元化融合发展
2023 年 8 月	商务部办公厅、国家发展改革委办公厅、工业和信息化部办公厅、财政部办公厅等九部门	《县域商业三年行动计划（2023—2025 年）》	大力发展农村直播电商。深化电子商务进农村综合示范，利用县级电子商务公共服务中心的场地和设备等资源，打造一批县域电商直播基地、"村播学院"。整合各类资源，增强电商技能实训、品牌培育、包装设计、宣传推广、电商代运营等服务能力。鼓励有条件的县级电子商务公共服务中心拓展 O2O 体验店、云展会、网货中心、跨境电商等衍生增值服务，推动县域电商形成抱团合力，实现可持续发展。培育"土特产"电商品牌。深化"数商兴农"，发展农特产品网络品牌。鼓励电商平台、直播团队充分挖掘农村"土特

续表

发布时间	部门	政策名称	直播电商相关内容
2023 年 8 月	商务部办公厅、国家发展改革委办公厅、工业和信息化部办公厅、财政部办公厅等九部门	《县域商业三年行动计划（2023—2025年）》	产"资源，为农业生产企业、农民合作社等提供产品设计、视频拍摄、文案策划、品牌推广等服务。培育一批"小而美"的农村电商特色品牌，变"流量"为"销量"，拓宽农产品上行渠道。鼓励农村电商创业就业。加强与全国及本地直播平台的合作，"以工代训""以赛代训"，面向返乡大学生、农民工、退役军人等开展直播带头人技能培训，提升直播带货技能，激发农村直播电商创业就业热潮。举办多种形式的农村直播电商大赛，组织地方直播团队等参加，促进相互学习交流，提升农村直播电商营销水平

资料来源：课题组整理。

近年来随着各类监管制度的出台，直播电商监管体系逐渐完善，直播电商行业也越来越规范化。除各部门出台的监管政策外，在地方上，直播电商发展较好的浙江、上海、广东等地也相继出台规范文件。2020 年 6 月，浙江省网商协会发布《直播电子商务服务规范（征求意见稿）》，从平台、主播、商家、消费四个维度提出了规范标准。2021 年 12 月，由杭州市上城区市场监管局、杭州万维质量发展研究院、杭州市标准化研究院共同起草的《绿色直播间管理规范》发布，针对被消费者诟病的主播"虚假宣传""诱导消费"等问题，明确"涉及虚假、引人误解"等"十不准"要求，对商家管理、主播管理、MCN 机构管理、售后服务等方面进行标准化规范。2022 年 3 月，浙江为直播电商选品起草制定的团体标准《直播电子商务选品和品控管理规范》正式发布，对直播带货的选品、品控方面作出新的要求和规范。2022 年 7 月，上海市市场监督管理局发布《上海市网络直播营销活动合规指引》，明确直播营销平台、平台内经营者、直播间运营者、主播、主播服务机构五类网络直播主体责任内容，并列明网络直播营销商品（服务）的 10 项负面清单。2023 年 11 月，上海市市场监督管理局对该规定进行修订，对直播电商的性质进行了明确，细化了负面清单的内容。2022 年 10 月，广州市市场监管局牵头编制的广州市地方标准《直播电商营销与售后服务规范》发布，结合广州地区实际，从营销和售后两大维度，对主播、直播营销人员、直播营销人员服务机构、直播营销平台、直播间运营者和商家等相关方开展网络直播营销活动的资质、要求、责任、义务分别予以了明确，探索性地对虚拟主播进行定义并纳入标准范围。

随着监管体系逐渐完善，直播电商平台和直播机构主动完善治理规则、积极拥抱合规，为用户构建良好的直播购物环境，推动着行业健康有序发展。2021 年以来，多个直播电商平台积极更新完善规则，推出管理规范、负面清单、处罚规则等细则来促进各方合规经营。部分平台在 2021 年针对性地开展了对虚假宣传、恶俗炒作等违规行为的专项治理活动，对违规商家与主播进行处罚，加速直播电商行业生态的规范化进程。根据淘宝发布的《2023 年淘宝直播安全合规治理报告》，2023 年假货治理直播间超 10000 场，清退主播约 600 人，消费者品质保障 1000 万元，抽检覆盖 6000 余种商品，虚假宣传治理直播间 24 万个，涉及主播 5.5 万位，各类型风险年度总处置近 170 万场直播，年度总合规学习 120 万主播人次。抖音电商数据显示，抖音平台《抖音电商创作者管理总则》于 2021 年 5 月 20 日正式生效上线后，至 2021 年 12 月，共处罚违规创作者 97.1 万人，其中百万以上粉丝的有 8484 人，共 1.1 万人被永久关闭电商权限。可以看到，在监管部门、行业协会、直播平台等多方共同努力下，直播电商行业迎来规范化发展新阶段。

近年来，针对直播电商在快速发展的过程中出现的新问题

（如虚假宣传、产品质量、价格误导、不文明带货等），相关部门和行业协会印发了相关的规范性文件，并加强了监管和打击措施，一定程度上遏制了行业内恶性竞争态势，维护了整个行业的健康发展。

2020 年 7 月，最高人民检察院开展了为期三年的"公益诉讼守护美好生活"专项监督活动，三年来对包括直播带货在内的食品药品安全领域展开了全流程监督，助推了网络直播营销健康有序发展。自 2022 年以来，全国公安机关开展夏季治安打击整治"百日行动"和"昆仑 2022"专项行动，打击了多起网上侵权假冒犯罪案例，其中涉及多起与产品质量、虚假宣传相关案例。《中国打击侵权假冒工作年度报告（2022）》指出，在 2022 年网络市场监管专项行动中，市场监管总局发挥了网络市场监管部际联席会议作用，严厉打击"三假直播"（假人气、假优惠、假商品），依法查处销售侵权假冒伪劣商品等违法行为，清除电商平台侵权盗版标准商品链接 4000 余个。2022 年 11 月，市场监管总局等 18 部门联合印发《进一步提高产品、工程和服务质量行动方案（2022—2025 年）》，提出"督促平台企业强化平台销售和直播带货产品的质量管控和追溯"，从而使直播电商质量问题监管常态化。随着直播电商市场从集中整治到常态化监管，监管主体和对策变得更加有针对性，直播电商行业生态也更加规范。

电商行业内部的头部机构也开始制定企业标准，并参与到行业标准的制定中，使直播电商质量不断改善。

直播电商的质量改善主要从产品、服务、内容、诚信四个方面体现出来。

1. 加强产品质量筛查

产品质量问题是用户直播购物时最主要的顾虑之一。尽管直播带货商品往往在价格方面更有优势，但部分直播网红带货存在虚假宣传和产品质量无法保证等问题。这也是直播电商行业整体退货率高的原因，据统计，直播电商行业整体退货率高达20%—30%。但是，近几年来，在监管机构、平台、品牌方多方努力下，对产品质量的监管更加严格，产品质量问题呈改善趋势。

为解决质量问题，一些品牌方开始放弃与网红主播合作，转向自播带货。据飞瓜数据统计，截至2022年下半年全品类蓝V认证号自播销售指数占比在50%左右。品牌自播带货不仅可以加强消费者对品牌的忠诚度，也在一定程度上加强了对直播产品、内容的可控性，避免了与品牌相似的假冒伪劣产品扰乱市场等现象。随着直播电商逐渐发展成熟，用户消费也逐渐理性化，直播团队只有做好产品质量筛查，传递真实产品信息，才能赢得消费者信任，进而推动其不断形成购买和复购行为。对平台方和MCN机构而言，应该继续增强产品质检能力，严格把控货品质量。

2. 优化升级服务质量

《中国消费者》杂志发布的《2022年短视频和直播电商社会价值洞察报告》显示，消费者通过短视频和直播购物时，"服务态度好""信守承诺"是消费者重点关注的方面，占比分别为34.03%和34.00%。关注退换货是否方便、质量是否过硬等议题的消费者占比也均超过30%。这表明直播购物时的消费体验，以及品牌运营团队售后服务和保障，也是消费者在进行消费决策时极为关注的部分。近年来，头部直播电商平台在配送服务、发货物流效率、权益保障落实等售后服务方面都有所提升。例如，抖音、拼多多、淘宝直播、京东等电商平台，均推出了"仅退款"政策，从而较好地保障了消费者的权益。

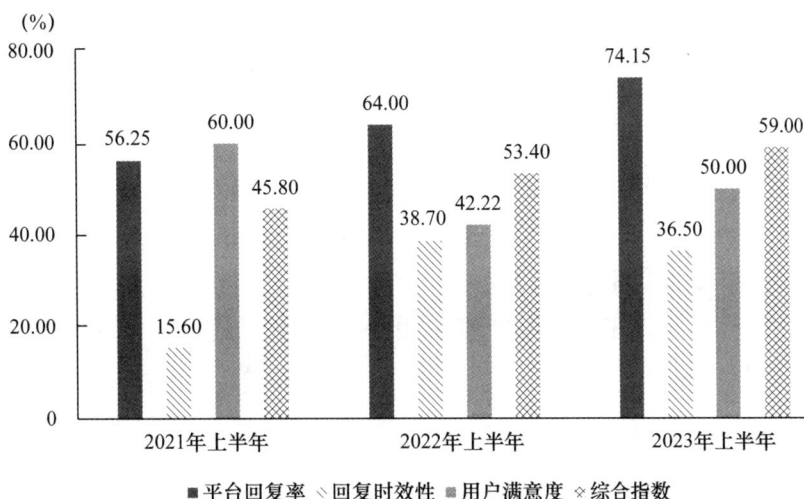

图 9-3 抖音电商消费历年评级数据

资料来源：电数宝电商大数据库—电商评级数据库。

对于抖音、快手等新进入电商竞争的直播电商平台而言，在保障直播售后服务方面也采取了一系列措施。快手电商在2020年就推出了"首单100天不满意包退款""退货减免运费"等保障措施，使售后渠道更为通畅。平台还在消费者保护方面投入超过5.7亿元，投入了近3000名员工专业服务电商消费者。在2021年"6·16品质购物节"中，快手为2.9亿购物信用良好的消费者推出"小店信任卡"，共24.5万用户体验到退款不退货的权益。抖音电商也不断改善用户购物体验，加强消费者权益保障，提升服务用户的能力。2022年，抖音现货订单比例上升10%，整体收发货时长减少4—5小时，平均物流速度上升6.1%。平台推出的"音需达"，通过提供派前电联、优先派送、按需上门等服务，使平均收件时长减少6.2小时。在保障消费者退换货体验方面，抖音发货前"极速退"覆盖率94.5%，平台还累计支付超2亿元消费者权益保护资金，通过先行补偿等方式，帮助消费者处理售后纠纷和维权索赔。此外，通过重点升级智能服务和专属客服，为新用户提供一站式服务，帮助消费者解决了发货、物流、退款、运费等购物问题，新用户满意度超 96%。根据电数宝电商大数据库，2023 年上半年抖音的平台回复率和用户满意度较 2022 年上半年都有所提升，综合评级指数上升。

3. 不断提升内容质量

直播电商与以往购物模式的一大区别就是，直播是一种"更轻快"和"更交互"的内容形式，直播电商实际上是内容社交电商的升级，建设良好的内容生态对于直播电商而言至关重要。直白叫卖式的直播电商过于枯燥，无法达到吸引消费者的目的，而明确的品牌定位、有价值的内容输出和主播鲜明的个人形象，都有助于丰富直播电商内容生态。在直播电商行业发展成熟、竞争加剧的情况下，平台对直播商家的内容生产能力和专业性都提出了更高的要求，主播不再是简单的带货者，有故事、有深度的云购物体验成为吸引消费者的重要筹码。内容创意性和话题性能够在第一时间吸引消费者进入直播间，区别于其他直播间的差异化知识内容是东方甄选能够在短期内就收获较高热度的重要原因。

4. 诚信建设刻不容缓

直播电商存在的质量问题、服务问题、虚假宣传问题等，根源是诚信问题。诚信是一个公民的身份证，也是直播从业者的身份证。网民对主播或者店家的信任与否，决定了后者的发展空间大小。在诚信建设方面，各大平台方都采取了一系列措施，比如假一赔十、七天无理由退货、退货补运费、极速退款等，这些做法增强了网民信任购的勇气，促进了行业的健康发展。反之，对那些不遵守承诺，诱导甚至欺骗消费者的不诚信商家，平台方及监管部门应给予明确的惩罚回应，坚决杜绝。

（三）推动直播电商高质量发展的建议

一是在法律上明确直播带货行业各方的主体地位。直播带货涉及产品或服务广告宣传的，必须标明"广告"字样，相应参与主体应当依法承担广告主、广告经营者、广告发布者的责任和义务。明确直播带货过程中的主播作为广告代言人的主体地位，依法承担广告代言人的责任和义务。对主播参与虚假宣传的，要承担相应的责任。

二是对直播带货过程中所存在的不正当竞争行为加大治理力度。进一步细化直播带货相关经营主体责任，明确行为规范和执法程序，落实属地监管责任。重点查处实施虚假或者引人误解的商业宣传、帮助其他经营者进行虚假或者引人误解的商业宣传、仿冒混淆、商业诋毁和违法有奖销售等违法行为，重点治理产品质量违法行为、侵犯知识产权违法行为、食品安全违法行为、广告违法行为、价格违法行为等。严厉打击"刷单炒信"、数据造假等行为，保障消费者知情权和选择权。要重视品牌商在与主播合作过程中的利益保护机制建设，支持品牌商以法律武器积极维护合法权益，必要时可以启动一批公益诉讼。

三是落实平台主体责任。应加强对直播平台的行政指导和政策服务，督促其自觉加强直播带货内容监测和审核，建立主动发现并制止直播带货乱象的机制。对直播带货中涉及广告内容的，平台应积极承担广告发布者的主体责任，努力确保平台中的部分测评直播等显著标示"广告"。在撮合主播与品牌商交易时，应落实电子商务平台经营者的主体责任，核验主播资质，治理主播违法违规行为。平台应建立主播诚信分级机制，通过警告、下架、账号降级、封禁投稿等必要的措施，对违法违规的直播带货行为加强处罚，并协助消费者和品牌商及时保留相关证据，依法维护其合法权益。平台应建立直播带货的正面激励机制，在流量分发规则上适当降低广告费的权重，更多体现主播的声誉及消费者对商户服务质量的反馈，对行为规范、消费者权益保护机制完善、与品牌商合作良好的主播及机构在流量等方面给予支持。

四是动态跟踪，加大各种新业态规范力度。对平台出现的知识分享、健康科普、第三方测评等带货的新业态，应动态跟踪，在主体资质、测评标准、内容规范等方面及时出台相应的规范意见。要充分发挥平台、行业组织等的作用，由其对新业态进行动态及时的规范与治理。

五是加快构建责任清晰的直播带货质量促进体系，加强信用体系建设。一方面，应健全消费者维权机制、畅通投诉举报渠道、降低维权成本，完善涉及直播带货的质量协同处理机制；推动直播带货行业着力形成以产品和内容取胜、优胜劣汰的良性发展机制。另一方面，加强行业诚信制度建设，推行 MCN（网红孵化机构）等从业机构公开承诺制度，建设从业人员诚信档案并推动信息共享。建立跨地区、跨部门信用奖惩联动机制，完善永久退出和终身禁入等失信惩戒机制，引导行业组织开展诚信自律等行业信用建设。

李勇坚，经济学博士，中国社会科学院财经战略研究院研究员，中国社会科学院大学教授、博士生导师，中国社会科学院大学平台经济研究中心执行主任、中国市场学会副会长。兼任工信部信息通信科技委员会专家委员、国家数字贸易专家工作组智库支撑单位联络人、中国通信学会专家委员、中国信息经济学会理事、中国消费经济学会理事、IMT-2030（6G）推进工作组智库支撑单位联络人。主要从事数字经济、平台经济、服务经济理论等方面的研究，在国内外刊物上发表论文100余篇。参与多项国家与服务业、数字经济相关的政策文件起草或研讨工作。